CIENCIAS DEL
COMPORTAMIENTO

JUAN MANUEL GARCÍA 'PINCHO'

# CIENCIAS DEL COMPORTAMIENTO

Domina la comunicación no consciente
para leer a las personas e influir en ellas

temas de hoy

**Advertencia**
Todos los casos que contiene este libro son reales.
Se han cambiado los nombres de los protagonistas y algunos detalles para respetar la intimidad de las personas implicadas.


Corrección de estilo a cargo de Harrys Salswach


temas de hoy, un sello editorial de Editorial Planeta, S. A.
Avda. Diagonal, 662-664, 08034 Barcelona (España)
www.planetadelibros.com

Primera edición: septiembre de 2025
Tercera impresión: septiembre de 2025
ISBN: 979-13-87869-00-7
Depósito legal: B. 13.379-2025
Composición: Realización Planeta
Impresión y encuadernación: Gohegraf
*Printed in Spain* - Impreso en España

***A la Unidad Central Operativa de la Guardia Civil,***
*porque todo lo que soy comenzó con vosotros. En especial al*
*Grupo de Homicidios, Secuestros y Extorsiones,*
*donde me abristeis las puertas al conocimiento,*
*a la experiencia real y a la acción verdadera.*
*Me disteis la oportunidad de formarme con referentes de*
*talla mundial. Con vosotros crecí en la adversidad*
*y aprendí, de verdad, el valor del compromiso y la lealtad.*
*Aquella etapa no solo me transformó como profesional…*
*me definió como persona.*
*Siempre estaré en deuda con vosotros.*

***A mi familia,***
*por su paciencia infinita, por creer en mí incluso*
*cuando parecía una locura, y por sostenerme*
*con amor cuando el camino se volvía cuesta arriba.*
*Gracias por ser mi refugio, mi impulso y mi certeza.*

***A ti, Patricia,***
*porque sin ti, este sueño no habría sido posible.*
*Porque te hiciste cargo de todo mientras yo perseguía*
*lo imposible. Porque me diste paz cuando yo solo*
*ofrecía ausencias, y fuerza cuando me faltaba.*
*Este libro, este logro, este camino… también son tuyos.*

***Y a mis hijos, Hugo y Diego,***
*para que nunca olvidéis que las cosas hechas con pasión,*
*entrega y honestidad siempre encuentran su camino.*
*Este sueño también va por vosotros.*

# ÍNDICE

# PRÓLOGO
# MÁS QUE PALABRAS

Es curioso que sea yo, que he trabajado con palabras durante veinte años, quien tenga el honor de escribir este texto. Pero, si te lo pide Pincho, nunca nadie puede decir no. Además, si verbalizas esa palabra, *no*, Pincho te leerá de arriba abajo y sabrá que estás mintiendo.

No hará falta: no creo que nadie que conozca personalmente a Juan Manuel pueda decirle que no, sobre todo porque él nunca lo haría. Algunas personas con el paso del tiempo dejan una huella indeleble en aquellos que tienen la suerte de conocerlas y en el caso de Juan Manuel García, al que conocemos cariñosamente como Pincho, esa huella no solo es profunda, sino que está marcada por un sello particular: su generosidad. Una generosidad que no se limita a dar, sino a compartir, a ofrecer lo mejor de sí mismo para iluminar el camino de los demás. Esta cualidad que lo define no solo es un reflejo de su carácter, también lo es de su profunda pasión por entender a los otros, por conectar con ellos a un nivel que va más allá de las palabras.

Pincho es mucho más que un guardia civil. Es un líder que ha logrado trascender los límites de su profesión para convertirse en una figura influyente en las redes sociales, donde comparte sus conocimientos y su visión de la comunicación no consciente con cientos de miles de personas. Lo que lo hace único, además de su capacidad para transmitir ideas de manera clara y efectiva, es la esencia misma que impregna todo lo que hace. El altruismo que le caracteriza se manifiesta en cada publicación, en cada interacción con sus seguidores, en cada gesto y en cada palabra que comparte con todos nosotros.

Este libro, dedicado a la comunicación no consciente, es el resultado de años de estudio, de observación y de experiencia acumulada. Pero, más que eso, es la materialización de una búsqueda incansable por comprender lo que está más allá de lo que vemos: los silenciosos mensajes que se transmiten sin que se pronuncie una sola palabra, esos gestos, esas miradas, esos pequeños detalles que a menudo pasamos por alto, pero que tienen el poder de decir mucho más que cualquier discurso.

Algo que me une poderosamente a Pincho es su fascinación por Leonardo da Vinci, un genio renacentista que, como él, abarcó múltiples campos de conocimiento. Y esa es otra clave para entender su enfoque sobre la comunicación. Da Vinci comprendió que el ser humano no se expresa únicamente a través de las palabras, sino también a través del cuerpo, de los movimientos y los silencios. No hay más que observar *La última cena* en Milán. Esa misma filosofía la aplica Pincho al estudio de la comunicación no consciente. Para él, comprender al ser humano es una tarea que va más allá de lo académico; es un deber, una vocación, una pasión. Y, como Da Vinci, se entrega a su aprendizaje con una intensidad que solo alguien realmente generoso y apasionado podría ofrecer.

En sus redes sociales, Pincho ha logrado construir una comunidad donde el intercambio de ideas y conocimiento fluye de forma natural, como una conversación en la que todos tienen algo que aprender. Pero lo que más resalta en este entorno digital es su capacidad para escuchar, para observar y para conectar de una manera auténtica y sincera, generando contenido constantemente actualizado. La generosidad con la que comparte su experiencia y sus descubrimientos es un reflejo de su deseo genuino de ayudar a los demás a crecer, a aprender y a comprender mejor el mundo que nos rodea y las personas que lo habitan.

Este libro no es solo una recopilación de teorías sobre la comunicación no consciente. Es una invitación a mirar el mundo con otros ojos, a descubrir lo que hay detrás de cada gesto, de cada mirada, de cada acción. Es un viaje hacia un conocimiento más profundo de uno mismo y de los demás, una exploración de las dimensiones más sutiles de la comunicación humana.

Y, como todo lo que hace Pincho, este libro lleva consigo la impronta de su generosidad, de su deseo de ofrecer algo que trascienda lo inmediato, que perdure en el tiempo y que, como las obras de Da Vinci, inspire a las generaciones venideras. Porque, al final, lo que queda no son solo las palabras, sino el impacto que esas palabras tienen en el resto, el cambio que provocan, la transformación que generan. Y eso es precisamente lo que Pincho busca con este libro: no solo enseñar, sino provocar una transformación en quienes se atrevan a adentrarse en este fascinante mundo de la comunicación no verbal.

Así que, queridos lectores, al abrir este libro, os invito, además de leer las palabras que contiene, a escuchar sus silencios, a observar los gestos, a sentir lo que hay detrás de cada página. Estáis a punto de emprender un viaje que os llevará mucho más allá de lo que imagináis. Y, como siempre, Pincho estará allí para guiarte en cada paso del camino.

Gracias, Pincho. Te quiero, amigo.

Christian Gálvez

PD: Después de leer este libro, nunca volveréis a ver a las personas de la misma manera.

# 0
# INTRODUCCIÓN
## Las ciencias del comportamiento, el poder de los que saben mirar

A mis catorce años tuve una ligera sospecha de lo que podía ser la comunicación no consciente, aunque no lo entendí hasta mucho tiempo después. Los fines de semana y algunas tardes trabajaba en la hamburguesería de mi pueblo, Torrelaguna, un rincón con pocos habitantes en plena sierra madrileña. Iba al instituto, pero quería ahorrar algo de dinero para ir a Inglaterra en verano, así que me metí en el mundo de la hostelería. Mi jefe, Jose, era un tipo duro, con las ideas muy claras sobre cómo se tenían que hacer las cosas y cómo llevar su negocio: con mano firme. Aunque era un local de hamburguesas, se consideraba como el típico bar de pueblo, por lo que solían venir vecinos a pasar la tarde. Aquella fue mi primera experiencia atendiendo al público, y pronto me di cuenta de que servir comida y copas era casi lo de menos, ya que para trabajar allí lo más importante no era conocer el producto, sino a las personas.

Una tarde de viernes bastante tranquila, entró un cliente y se sentó en una esquina. Jose me lanzó una advertencia: «Uy, este nos va a dar hoy la tarde». No entendí la predicción agorera, sobre todo porque el hombre nos había saludado con un entusiasta «¡Buenos días!». Sin más, me acerqué a tomarle nota.

—Una caña, y ponme algunas aceitunas.

—¡Marchando!

Al cabo de media hora, me hizo un gesto para que me volviera a acercar.

—Muchacho, ponme otra.

Hasta aquí, todo normal. Veinte minutos después, desde lejos, me señaló la copa vacía con un leve movimiento de cabeza. Tres cañas en una hora era un buen ritmo, pero era viernes por la tarde, así que probablemente sería la última... o eso pensé. Jose lo estaba observando todo desde la barra, sin decir ni mu, con el ceño cada vez más fruncido. No habían pasado ni diez minutos cuando el cliente pidió otra caña. Miré al jefe buscando su aprobación y, bajito, me dijo:

—Le sirves esta y ya está, que sea la última.

Obedecí, aunque no pude evitar preguntarme qué pasaría si pedía otra. ¿Cómo le diría que no? ¿Cómo reaccionaría el cliente?

Mientras tanto, el bar se llenaba. La mesa junto a la suya se ocupó con un grupo animado y, de repente, en pleno ajetreo, lo vi ponerse en pie y hablarles a gritos. Busqué a Jose, de nuevo, con la mirada.

—Te lo dije —murmuró.

Con su mano izquierda para manejar estas situaciones, supo calmar al cliente e invitarlo a marcharse sin grandes altercados, aunque tuvo que escoltarlo hasta la puerta. Yo, que lo estaba observando todo incapaz de hacer nada, no paraba de preguntarme: «Pero ¿cómo lo sabía?». Por toda respuesta, cuando le pregunté directamente a Jose, solo obtuve un encogimiento de hombros y un escueto «se veía venir».

Estaba claro que había algo allí que yo me estaba perdiendo, ¿qué había visto Jose en aquel hombre para pronosticar semejante desenlace? ¿Había sido la manera de decir «buenos días»? ¿Su forma de andar hasta la mesa? ¿Algún gesto en su rostro que lo delatara? ¿Cómo había sido capaz de oler el conflicto?

Con los años, he revisitado muchas veces aquella escena. Lo que a mi yo adolescente le parecía magia o intuición, después de años formándome en incidentes críticos y trabajando como negociador en conflictos, entendí que era, en realidad, análisis de la comunicación no consciente, es decir, de todas esas señales que emitimos sin darnos cuenta: gestos automáticos, microexpresiones, tics, posturas, reacciones fisiológicas como el rubor o la dilatación de las pupilas... Muchas veces a este tipo de comunicación se le llama «comunicación no verbal», pero me gusta diferenciarla porque no toda la comunicación no verbal es necesariamente no consciente. Hay gestos, posturas o actitudes que sí controlamos de forma deliberada, como sonreír para parecer amables o forzar una postura abierta para mostrar seguridad.

Durante aquel curso conseguí ahorrar lo suficiente para ir a Inglaterra a estudiar inglés. Pasaron los años, aprobé COU y me presenté a la oposición de la Guardia Civil. En todo ese tiempo, nunca dejé la hostelería: fui camarero en un local donde se celebraban bodas, trabajé en un bar de copas, llegué a ser encargado de sala en un restaurante...

Cuando entré en el cuerpo policial y tuve que dejar la barra para ingresar en la academia, pensé que cerraba un capítulo de mi vida y estrenaba otro completamente distinto. Sin embargo, pronto descubrí que muchas de las lecciones aprendidas en la hostelería me serían útiles en mi nuevo oficio. En más de una ocasión, fijarme en las personas y en cómo actuaban me salvó la vida y la de otros, tanto en mis primeros años como agente de seguridad ciudadana, como más adelante cuando estuve en la central de emergencias o en la policía judicial.

Sin tener una carrera universitaria —aunque nunca había dejado de formarme ni de leer sobre comunicación no verbal—, mis papeletas para ingresar en un cuerpo de élite eran más bien escasas. Aun así, me animé a intentarlo y durante el proceso de selección se valoraron las competencias sociales que había desarrollado en mis años en la hostelería, además de mi facilidad para recordar caras y de pasar un sinfín de pruebas durísimas. Gracias a las llamadas «habilidades blandas» —esas que son transversales y útiles en cualquier entorno laboral, como la empatía, la asertividad, la capacidad de escucha o la organización— me dieron el destino en la Unidad Central Operativa (UCO), encargada de la persecución de las formas más graves de delincuencia y crimen organizado (algo así como el «FBI» español). Y no se equivocaron, porque esa herencia en la comunicación se confirmó. Dentro de la UCO, que se encarga de investigar delitos como el narcotráfico a gran escala, la trata de seres humanos y los homicidios complejos, integré el grupo de homicidios y secuestros y, aunque la investigación de este tipo de casos tiene muchas vertientes, hay un factor siempre presente: el trato con las personas y el análisis del comportamiento.

Con el tiempo, ese mismo interés por la comunicación y el comportamiento humano derivó en un profundo amor por la divulgación. Me abrí una cuenta de TikTok y otra de Instagram, empecé a impartir cursos, a participar en pódcast y a colaborar en distintos espacios, siempre con la voluntad de transmitir lo aprendido, compartir ideas, contrastar opiniones y, sobre todo, acercar el conocimiento tanto a profesionales del sector como a cualquiera interesado. Este libro no es más que un peldaño más de esa vocación de divulgador que, lejos de agotarse, no deja de crecer.

# ANALIZAR, CONOCER, INFLUIR

Según un estudio de 1970 de la Universidad de Pensilvania realizado por R. L. Birdwhistell hablamos una media de doce minutos al día. Otros estudios más recientes, como el de 2007 llevado a cabo por un equipo de psicólogos de la Universidad de Arizona y liderado por Mathias R. Mehl, sostienen que hablamos entre dos y tres horas al día, con una media de 16.000 palabras diarias. En cambio, nuestro lenguaje corporal está activo las veinticuatro horas del día. Es imposible no comunicar. No querer comunicar ya nos dice algo. Muchas cosas de las que comunicamos son reacciones fisiológicas que no podemos controlar: ¿cómo controlar un rubor, una pupila más o menos dilatada...? Otras veces, nuestro andar apesadumbrado nos delata, o el tono de voz que usamos no concuerda con el sentido de nuestras palabras o nuestros gestos expresan lo que los labios no pronuncian. Todo lo que hacemos cuenta algo sobre quiénes somos, qué pensamos y sentimos, todo es susceptible de que nos perciban de una forma u otra, de que nos tomen más o menos en serio, de que cuenten más o menos con nosotros, de que se fíen o no.

Dentro del universo de la comunicación, mi especialidad son las ciencias del comportamiento. Se trata de una disciplina transversal que integra conocimientos de economía, antropología, sociología, psicología, criminología, biología y neurociencia, entre otros, con el objetivo de estudiar, de manera rigurosa y sistemática, la conducta humana. Aunque a primera vista puedan parecer campos dispares y de difícil integración, lo que los une es un enfoque metodológico común basado en la observación empírica, la formulación de hipótesis contrastables y la validación mediante datos replicables. Como sostiene el reconocido economista y sociólogo Herbert Gintis, las ciencias del comportamiento han alcanzado estatus científico precisamente por su capacidad para integrar modelos teóricos con evidencia empírica.

Además, los recientes avances en neurociencia y en tecnologías de la imagen cerebral permiten reformular muchas ideas tradicionales sobre la emoción, la cognición o la toma de decisiones, lo que aporta nuevos marcos interpretativos que enriquecen los estudios existentes. Este dinamismo constante garantiza que nuestro conocimiento sobre el comportamiento humano evolucione, se refine y se adapte a los cambios sociales y culturales. Las ciencias del comportamiento, por tanto, no solo permiten comprender cómo pensamos, sentimos y actuamos, sino que se actualizan a medida que la ciencia refuta, matiza o confirma hipótesis previas.

Por eso, dentro de su campo de estudio se incluyen áreas como el análisis de la comunicación no verbal, el lenguaje, el contexto físico y social, ¡e incluso todos aquellos medios que nos permitan recabar información! Es decir, todo aquello que moldea nuestra forma de comunicarnos. Hablando en plata, las ciencias del comportamiento consisten en analizar el comportamiento para comprender mejor a los demás, conocernos mejor a nosotros mismos y desarrollar nuestra capacidad de influir. Y eso es lo que vamos a hacer en este libro: aprender a separar el grano de la paja, ver qué nos puede dar información útil y qué no, qué podemos usar a nuestro favor y en qué no vale la pena perder el tiempo para, en definitiva, sacar provecho de este acto tan humano y que hacemos a diario sin apenas pensar: comunicarnos. Los beneficios pueden ser comprender mejor a un nuevo compañero de trabajo hasta negociar tu sueldo, saber leer cuándo una persona tiene intenciones ocultas y hasta prevenir un conflicto inminente. Todo esto, lo aprenderemos aplicando un sencillo método de tres pasos, que son los mismos tres elementos que dan forma a las ciencias del comportamiento:

1. **Analizar**
2. **Conocer**
3. **Influir**

Te guiaré para que aprendas en qué elementos de la comunicación no consciente puedes fijarte a la hora de analizar a alguien, conocer sus patrones de conducta y actuación. Después, seguro que ya sabrás detectar qué información usar en tu beneficio para influir en las personas. Sin analizar y sin conocer es imposible influir de forma real.

Se ha dicho y se ha escrito mucho sobre comunicación no consciente, sobre si un gesto determinado significa equis o sobre fórmulas mágicas para una negociación impecable. Sin embargo, a lo largo de mis años como policía en la UCO, me he dado cuenta de que no existen recetas mágicas. Hay patrones, directrices y técnicas que funcionan, pero aplicarlas sin tener en cuenta cada caso, es decir, sin personalizar ni entender las particularidades de la persona con la que nos estamos comunicando, no nos va a dar resultados. Es por eso que mi intención es darte las herramientas que te puedan ser útiles y que estén avaladas por la ciencia, para que después sepas con quién y cómo usarlas, teniendo en cuenta el contexto concreto. Encontrarás información práctica fruto de mi experiencia, y que puedes aplicar en tu día a día.

Lo he visto muchas veces en mi trayectoria profesional: un sospechoso te dice: «no pasa nada, ven, ven» con la voz tranquila, pero tiene el puño cerrado y apretado... En situaciones menos extremas y cotidianas, pasa exactamente lo mismo. Trabajando con personas me he dado cuenta de que se producen muchas incongruencias cuando nos comunicamos, y que solo si sabemos interpretarlas podemos desvelar las verdaderas intenciones. También he descubierto que hay muchos testimonios falsos que no son conscientes de serlo... y es que cuando el cerebro tiene huecos los rellena en la memoria, aunque signifique testificar algo falso. Detectar todas estas posibles grietas es, en mi trabajo, lo que a menudo marca la diferencia entre poner al culpable entre rejas o dejarlo libre.

Por suerte, en el mundo real conocer la comunicación no consciente no suele tener consecuencias tan drásticas, pero sí que puede ser determinante para lograr conectar, influir y, en resumidas cuentas, acercarte a tus objetivos y entender mejor las situaciones sociales. No estoy hablando de grandes metas: a veces, saber cómo detectar la pasivo-agresividad de tu jefe es ya un avance enorme, si con esta información sabes cómo puedes manejarlo. O, por ejemplo, tal vez aprender a leer el desinterés en alguien te ahorra tiempo o te sirve de revulsivo para encontrar temas en común, si quieres caerle bien a esa persona. Sea como sea, de la misma forma que lo que aprendí analizando a las personas mientras ponía copas me brindó grandes lecciones que me sirvieron para la vida, tú también puedes dominar el arte de la comunicación no consciente para progresar en lo que te propongas.

Por último, un aviso para navegantes: esto no es una ciencia exacta. No hay ningún gesto que aislado signifique siempre lo mismo. Tocarte la nariz no implica siempre ni bajo cualquier circunstancia mentir. Siento decepcionarte, pero no se pueden detectar mentiras observando microexpresiones, no hay ningún estudio científico que lo avale. Sin embargo, sí que podemos detectar algo muy parecido a la mentira: la ocultación de información, las incongruencias, las medias verdades, la voluntad de querer encubrir problemas... Las ciencias del comportamiento son una herramienta poderosa, siempre que se usen con sentido común.

# ¿CÓMO FUNCIONA ESTE LIBRO?

Para que navegar por estas páginas te resulte lo más cómodo posible, he estructurado el contenido en orden cronológico. Como si se tratara de un viaje, antes de empezar a analizar gestos y expresiones concretas, es fundamental hacer bien las maletas y los preparativos. En el caso de la comunicación no consciente esto pasa por entender cómo funciona el cerebro con respecto a las emociones y qué papel juegan los sesgos. De esto hablaremos en la primera parte «Me gustas cuando callas.... Porque me cuentas cosas».

A continuación, dedicaremos un bloque entero a la escucha activa: «Me gustas cuando hablas... Porque escucho activamente». Si no sabemos escuchar ya nos podemos olvidar de obtener información relevante.

En las partes 3, 4 y 5 entraremos en el meollo del libro: el análisis de las emociones en el cuerpo y los gestos.

En «Las 10 claves para que leas con éxito el lenguaje no verbal», encontrarás un decálogo que te servirá de guía básica para poner en práctica y actuar con precaución a la hora de identificar señales no verbales. Después, ya podremos seguir, en «Muéstrame tu rostro, muéstrame tus emociones», con las emociones universales, las microexpresiones y los movimientos del rostro. Siguiendo un orden lógico, en «Muévete, que te observo» abordaremos las emociones en el cuerpo.

Después de analizar el rostro y el cuerpo, llegará el momento de llevar a la práctica todo lo aprendido. Para ello, en «Entreno para la vida» encontrarás estrategias de comunicación y consejos específicos que te ayudarán a desenvolverte con soltura en diversas situaciones: desde expresar desacuerdo hasta responder con calma bajo presión.

Finalmente, la última parte se titula «Casos prácticos» y es allí donde aplicaremos el método de los tres pasos para salir airosos de situaciones estresantes, ya sea convencer a un nuevo cliente para que compre tu producto o lograr que tu vecino pague la derrama del ascensor.

3, 2, 1, ¡despegamos!

# 1
# ME GUSTAS CUANDO CALLAS... PORQUE ME CUENTAS COSAS

> Ningún mortal puede guardar un secreto. Si sus labios callan, hablará con las yemas de sus dedos.
>
> SIGMUND FREUD

Era un domingo por la tarde y estaba en casa preparando una presentación para la formación que tenía en unos días. PowerPoint abierto, diapositivas en blanco, estructurando ideas y buscando recursos visuales que hicieran la sesión más atractiva.

Mientras buscaba el clip perfecto de felinos adorables, mi hijo se acercó a la pantalla y, con una sonrisa de superioridad infantil, soltó: «¡Te he pillado, estás procrastinando!». Imagino que estaba tomando notas para el futuro, cuando tuviera que hacer los deberes y, en vez de eso, estuviera enganchado al móvil. Pero no pensaba darle esa ventaja, así que le saqué rápido de su error: «¡Qué va, estoy trabajando!». Me miró con las cejas en alto, soltó un suspiro de resignación y se fue. Si hubiera sido la primera vez que me ve «trabajando» mirando vídeos habría insistido, pero ya lleva unos cuantos años comprobando que, a veces, mi trabajo se parece bastante a hacer *scroll* infinito en internet.

Sin embargo, su observación me dejó pensando: ¿Por qué había asociado «ver gatitos en internet» con procrastinar? Su reacción tenía que ver con los **sesgos** y **prejuicios**, es decir, con la forma en la que nuestra mente toma atajos para interpretar la realidad sin que nos demos cuenta. Pero no nos adelantemos.

Unos días después de aquel episodio con mi hijo, me llamaron para dar una formación a una gestora de fondos de inversión. Se trataba de un grupo exclusivo de banqueros, gestores de grandes fortunas, y la sesión sería en un hotel privado en La Moraleja, una de las zonas más exclusivas de Madrid. Cuando hablé con la persona encargada de la formación, me dijo: «Mira, es una charla de una hora y pico sobre comunicación. Haz algo que les pueda interesar». Antes de la sesión, pregunté quién dirigía el grupo. Me dieron su nombre y, como buen investigador, decidí hacer una pequeña búsqueda en redes sociales. Encontré su perfil en Facebook. Se trataba de una mujer de unos sesenta años, con algunas fotos y *posts* sobre sus intereses que me dieron muchas pistas sobre cómo enfocar mi charla.

Cuando llegó el día, en mitad de la sesión y delante de un grupo de unas ochenta personas, pasé una diapositiva y, de repente, en la pantalla apareció un vídeo de gatitos adorables. Tras un instante de desconcierto, la sala estalló en risas. Entonces les planteé:

—Imaginaos que estáis en una presentación y, de repente, en la pantalla aparece una foto o un vídeo de gatitos siameses. Si alguno de vosotros tiene gatos siameses en casa, seguramente pensará: «Anda, como yo».

Pausa dramática.

—Imaginaos ahora que alguien os envía un currículum y, en su fecha de nacimiento, pone 28 de febrero de 1980. Si alguno de vosotros también cumple años ese día o cerca, podría pensar: «Anda, casi como yo».

Hice una pausa y recorrí la sala con la mirada.

—Por cierto, ¿hay alguien aquí que tenga varios gatos siameses y que cumpla años el 28 de febrero?

Silencio. Una mano se levantó. Era la jefa del grupo. Me miró con una ceja levantada y dijo:

—Lo de los gatitos te compro que lo sacaras de las redes sociales, pero la fecha de nacimiento no, nunca he publicado nada sobre mi cumpleaños. Estoy convencida de que la sabes porque eres guardia civil y tienes acceso a esos datos.

Sonreí.

—No, lo encontré en tus redes sociales. No lo tienes en tu perfil, pero cada 28 de febrero vi que la gente te escribía «Felicidades». Solo tuve que atar cabos.

Se rio y el resto del grupo también. Al terminar la sesión, ya me estaban diciendo que querían repetir conmigo el próximo año. Pero ¿qué había operado en todo esto y qué tiene que ver con la comunicación no consciente? ¿Por qué logré caerle bien a la jefa con un simple vídeo de gatitos? La respuesta está en el cerebro y los sesgos cognitivos, enseguida te lo explico.

# EL CEREBRO ES PEREZOSO

Adentrarse en la comunicación no consciente significa comprender las emociones y, para no empezar la casa por el tejado, primero debemos entender qué papel juega el cerebro. ¿Cómo se relacionan cerebro y emociones? ¿El cerebro toma decisiones de forma emocional o racional? ¿Son incompatibles ambas cosas? Sin comprender todo esto y asentar las bases, se nos va a complicar mucho la tarea de leer a las personas.

Nuestro cerebro, siempre buscando ahorrar energía, ha desarrollado dos sistemas de pensamiento que nos ayudan a procesar la información de manera eficiente. Originalmente, estos sistemas, denominados **Sistema 1** y **Sistema 2,** fueron idea de los psicólogos Keith Stanovich y Richard West, y Daniel Kahneman los acabó popularizando en su libro *Pensar rápido, pensar despacio.*

- El sistema 1 es rápido, automático y opera con poco o ningún esfuerzo consciente. Es el encargado de generar impresiones y sentimientos de manera instantánea, basándose en experiencias previas y asociaciones mentales. Este sistema está más relacionado con nuestros instintos animales y responde de forma inmediata a estímulos externos. Por ejemplo, cuando vemos una araña y sentimos miedo al instante.
- El sistema 2 es más lento, deliberativo y requiere atención y esfuerzo consciente. Se activa cuando realizamos tareas que demandan concentración, como resolver un problema matemático complejo o tomar decisiones importantes. Este sistema nos permite analizar situaciones de manera lógica y ordenada, pero consume más recursos mentales y puede fatigarse con facilidad.

Estas dos formas de pensar corresponden a diferentes áreas del cerebro. El sistema 1 está asociado con estructuras más primitivas, como la amígdala y otras partes del sistema límbico, que gestionan las respuestas emocionales y automáticas. El sistema 2, en cambio, se relaciona con el neocórtex, especialmente la corteza prefrontal, responsable de funciones ejecutivas como el razonamiento, la planificación y el control de impulsos.

Este enfoque dual de pensamiento, lejos de presentar una separación estricta entre emoción y razón, muestra que ambas se complementan. Tradicionalmente, se nos ha hecho creer que el pensamiento racional es una especie de torre de marfil, pura y aislada de todo lo demás, y que las emociones no son más que un estorbo que nos lleva a cometer errores. Pero la realidad es otra. **Emoción** y **razón** no solo coexisten, sino que se entrelazan hasta el punto de que, sin emociones, la toma de decisiones sería un desastre.

Para entender esta interacción, volvamos a los dos sistemas de pensamiento. Como ya hemos visto, el sistema 1 es rápido, intuitivo y automático, mientras que el sistema 2 es más lento, racional y deliberado. Estos sistemas no funcionan de manera independiente. Mientras estamos despiertos, ambos están en marcha, cada uno con su rol bien definido. El sistema 1 actúa sin esfuerzo, generando impresiones e intuiciones, y el sistema 2 reflexiona y toma decisiones más meditadas. Pero aquí viene el truco: aunque el sistema 2 puede intervenir para corregir o cuestionar lo que propone el sistema 1, muchas veces no lo hace, porque, para qué engañarnos, pensar cansa. Así que, por *defecto*, solemos aceptar lo que nos dice nuestro piloto automático... salvo que algo nos saque de ese modo «ahorro de energía» y nos obligue a encender el modo analítico.

### Sin emoción no hay decisión ni motivación

En el día a día, las emociones influyen en nuestras elecciones sin que lo notemos. Desde decidir qué plato pedir en un restaurante hasta juzgar si una persona nos inspira confianza en una negociación, nuestras impresiones y sensaciones previas moldean nuestras respuestas. Y lo más curioso es que, en la mayoría de los casos, esto nos ayuda a tomar decisiones acertadas sin que tengamos que gastar recursos cognitivos en analizar cada detalle. Por supuesto, esta dinámica tiene su riesgo, pero eso no significa que las emociones sean un problema. Al contrario, sin ellas, nuestra capacidad de decisión se vería gravemente afectada.

En su libro *El error de Descartes*, Antonio Damasio cuenta el caso de personas con daño en las zonas del cerebro que procesan emociones. Seguían siendo inteligentes, racionales... pero no podían decidir. Tardaban una eternidad en elegir entre dos fechas para una reunión o entre pollo y pescado. ¿Por qué? Porque sin emoción, todo da igual. Nada pesa más que nada. Las emociones nos ayudan a filtrar. No eliminan la razón, la complementan.

Sin la sensación de pérdida, no aprenderíamos de los errores; sin la anticipación del placer, no tendríamos motivación para actuar; sin emociones, nuestra razón estaría perdida en un mar de opciones sin rumbo claro.

Por lo tanto, incluso cuando pensamos que estamos siendo «racionales» no somos tan objetivos ni fríos. La razón, este sistema 2, está tejida con hilos de emociones y sentimientos (el sistema 1), y eso no es necesariamente malo. Nuestro cerebro, con su tendencia a la pereza, ha encontrado en este modelo una forma eficiente de funcionar.

Pero, por supuesto, no todo es perfecto. Que emoción y razón trabajen juntas no significa que siempre lo hagan de manera eficiente o sin errores. La mayoría de las veces, esta dinámica nos ayuda a movernos por el mundo sin tener que analizar cada detalle, pero en otras... nos juega malas pasadas.

# LOS SESGOS, LOS PREJUICIOS Y SUS TRAMPAS

Seguro que alguna vez te ha pasado: conoces a alguien y, en cuestión de segundos, ya te cae bien o mal. No tienes razones objetivas, simplemente hay algo en esa persona que te genera confianza... o rechazo. No es magia ni intuición sobrenatural: son los sesgos cognitivos en acción. Tu sistema 1 toma el control, aplica atajos mentales que permiten procesar la información rápidamente, y tu sistema 2, en su habitual modo ahorrador de energía, acepta esa impresión sin hacer demasiadas preguntas. Así es como funciona la mente la mayor parte del tiempo: de forma automática e inconsciente. Y aunque esto suele ser útil, también abre la puerta a errores sistemáticos que afectan nuestras decisiones sin que nos demos cuenta.

Desde siempre hemos escuchado que hay que pensar con la cabeza fría, que no debemos dejarnos llevar por las emociones al tomar decisiones. Y aunque esto tiene sentido en muchos casos, la realidad es que no es tan sencillo. No es solo que la emoción pueda interferir con la razón, es que, muchas veces, la razón ya está contaminada desde el principio. Como decía Antonio Damasio en *El error de Descartes*, nuestras decisiones no son el resultado de un razonamiento puro e impecable, sino que están influenciadas por experiencias previas, sentimientos e incluso respuestas físicas que ni siquiera notamos.

Y aquí es donde entramos en terreno peligroso. Amos Tversky y Daniel Kahneman demostraron que nuestras estrategias de razonamiento están lejos de ser infalibles. Nos gusta pensar que tomamos decisiones lógicas y bien pensadas, pero la realidad es que nuestra mente está llena de **atajos mentales** defectuosos que nos llevan a sacar conclusiones erróneas. Juzgamos a las personas en cuestión de segundos, damos por ciertas ideas sin pruebas suficientes y caemos en **prejuicios** sin darnos cuenta.

Los **sesgos cognitivos** no son fallos aleatorios, sino patrones predecibles de error. Nos facilitan la vida en muchas situaciones, pero cuando se trata de tomar decisiones importantes, pueden convertirse en nuestros enemigos. Y lo peor de todo es que, cuando caemos en ellos, estamos convencidos de que estamos siendo completamente racionales.

Si ahora mismo estás negando con la cabeza, convencido de que eres alguien sin prejuicios, te animo a que leas los siguientes subapartados con algunos de los sesgos más habituales. Descubrirás que son la clave para que el truco de los gatitos y de la fecha de cumpleaños de la jefa del grupo de banqueros funcione.

### *Sesgo de confirmación*

Se trata de la tendencia a buscar, interpretar y recordar información que confirma nuestras creencias, ignorando la que las contradice. Acuñado en 1960 por el psicólogo Peter Wason, este sesgo nos hace filtrar la realidad: vemos lo que queremos ver y escuchamos lo que queremos escuchar. En las redes sociales, por ejemplo, si crees que cierto político es corrupto, cualquier noticia negativa sobre él te parecerá una prueba más de su culpabilidad, mientras que si ves una noticia que lo deja en buen lugar, pensarás que es propaganda o manipulación. Pero este sesgo no solo afecta a la opinión pública o a los debates en la barra de un bar, sino que puede tener consecuencias muy serias en situaciones críticas.

Pongamos un caso que me toca de cerca: un secuestrador tiene a un rehén y exige una gran suma de dinero. Al hablar con él por teléfono, el negociador empieza a notar ciertos patrones en su comportamiento: parece desesperado, menciona de pasada que «esto no es lo que yo quería», y su tono sugiere inseguridad. Hay indicios de que podría rendirse si encuentra una salida digna. Sin embargo, el negociador ha entrado en la llamada convencido de que el secuestrador es un psicópata sin escrúpulos. ¿Qué ocurre? Su sesgo de confirmación hace que solo se fije en las señales que refuercen esa idea —si el secuestrador alza la voz, si amenaza, si se muestra agresivo—, e ignorará las dudas, los titubeos, las señales de que se puede negociar con él. El resultado: en lugar de negociar una posible rendición, transmite al secuestrador que no se fía de él, menoscabando su confianza y, por lo tanto, tirando por tierra cualquier tipo de negociación. El sesgo de confirmación le ha cegado (y sesgado).

### *Sesgo de grupo*

Imagínate que estás en una reunión y alguien menciona que es del mismo pueblo que tú. Automáticamente, te cae mejor. O si en una cena de trabajo descubres que un compañero también es fan de tu serie favorita, sientes que tienes una conexión especial. Esto es el sesgo de grupo, que nos lleva a favorecer a quienes percibimos como parte de nuestro «equipo», ya sea por gustos, aficiones o cualquier característica que compartamos.

Este fenómeno ha sido ampliamente estudiado por psicólogos sociales como Henri Tajfel, quien en los años setenta demostró que, con el simple hecho de dividir a un grupo de personas en equipos aleatorios, ya se empezaba a favorecer a los del propio grupo, aunque no existiera ninguna conexión real que uniera a las personas que formaban parte de él. Es decir, nuestro cerebro está programado para categorizar y preferir a los «nuestros» sin que nos demos cuenta.

En el mundo de la negociación, el sesgo de grupo se puede convertir en una herramienta poderosa. Si consigues que alguien te perciba como parte de su equipo, es más fácil generar confianza y persuadir. Algo tan simple como descubrir que compartes un interés o una afición con la otra persona puede inclinar la balanza a tu favor. Del mismo modo, puede jugar en tu contra: ¿te puedes fiar de esa persona o simplemente os gusta el mismo grupo de música?

### *Efecto halo*

Otro sesgo que juega un papel clave en cómo percibimos a los demás es el efecto halo, que Edward Thorndikeen acuñó en 1920. Su investigación mostró que tendemos a atribuir cualidades positivas a las personas basándonos en una sola característica que nos llama la atención.

Ejemplo clásico: si ves a alguien vestido de manera elegante asumirás que es una persona inteligente o competente, sin tener ninguna prueba real de ello. O si un orador es carismático y habla con seguridad, su mensaje te parecerá más creíble, aunque en el fondo no esté diciendo nada significativo.

Este sesgo es tan potente que incluso influye en la justicia. Diversos estudios han demostrado que los acusados físicamente atractivos reciben condenas más leves que aquellos considerados menos atractivos, a pesar de haber cometido el mismo delito. Nuestro cerebro se deja llevar por una sola impresión y extrapola características sin base lógica.

Un caso mediático muy ilustrativo es el de Angelina Jolie. Durante sus primeros años en Hollywood, su imagen era la de una actriz rebelde, provocadora, con titulares que hablaban más de tatuajes, relaciones tormentosas o de llevar un frasco con sangre al cuello, que de sus películas. Sin embargo, años después, la misma persona se convirtió en embajadora de buena voluntad de la ONU, activista humanitaria y madre de familia tras adoptar varios hijos de distintos países. Y, de pronto, el relato cambió: pasó a ser vista como una persona compasiva, ética e incluso sabia. En realidad, lo que cambió fue nuestra percepción. Sus acciones públicas, juntamente con su belleza y un estilo más elegante, crearon un halo que hizo que muchas personas le atribuyeran cualidades que no conocen de primera mano. No porque no las tenga —eso no lo sabemos—, sino porque se asocian con esa imagen global positiva que proyecta. Es el efecto halo en acción: una impresión dominante —atractiva, altruista, carismática— tiñe todo lo demás y convierte la percepción en admiración.

Conocer este sesgo te da una ventaja enorme. Si logras causar una primera impresión positiva, esa imagen favorable se extenderá a todo lo demás que digas o hagas. Ya sabes, arréglate y vístete como se espera que deberías hacerlo: tu apariencia puede ser el primer empujón que necesita tu credibilidad. Y lo mejor es que el efecto funciona en ambos sentidos: si identificas el halo en la otra persona —ese barniz de perfección que a veces no resiste el primer rasguño—, puedes desmontarlo y tomar decisiones más racionales.

## *Sesgo de autoridad*

Imagínate que mañana te plantas en la calle más transitada de tu ciudad con un chaleco amarillo. No hace falta que pongas nada en él, el color ya es suficiente. Levantas la mano, miras con seguridad a los conductores y dices: «Usted, por aquí». ¿Qué crees que pasará? Que la mayoría de la gente te hará caso sin cuestionarlo.

¿Por qué? Porque proyectas autoridad. No necesitan saber quién eres ni qué cargo ocupas. Su cerebro ha tomado un atajo: «Lleva un chaleco, parece que sabe lo que hace, será alguien con autoridad». Y como el instinto dice que seguir a la autoridad es lo correcto, obedecen sin pensarlo demasiado.

Este es el sesgo de autoridad, uno de los atajos mentales más potentes que influyen en nuestro comportamiento. Como analizaron Stanley Milgram y otros psicólogos sociales, la gente tiende a obedecer a figuras de autoridad, incluso cuando las órdenes van en contra de su propio juicio.

Si alguien aparenta tener poder o conocimiento, asumimos que es digno de confianza y nos dejamos guiar. Un ejemplo muy claro —y peligroso— fue el caso del doctor Mehmet Oz, un cirujano cardíaco que se hizo famoso en la televisión estadounidense de la mano de Oprah Winfrey. Aunque tenía formación médica, empezó a promocionar suplementos milagrosos para perder peso, terapias sin evidencia y pseudociencia con envoltorio de bata blanca. Millones de personas le creyeron, no porque evaluaran críticamente lo que decía, sino porque él parecía saber. Eso es el sesgo de autoridad en estado puro: cuando alguien con títulos habla con seguridad, muchos desconectan el pensamiento crítico y se entregan al «si lo dice él, será verdad».

### *Efecto anclaje*

Dicen que la primera impresión es la que cuenta, y aunque nos gustaría pensar que somos objetivos y analizamos toda la información antes de tomar una decisión, la realidad es que la primera cifra o dato que recibimos nos condiciona más de lo que creemos. Este efecto, ampliamente estudiado por Daniel Kahneman y Amos Tversky, es el responsable de que muchas negociaciones y regateos salgan mal.

Imagina que vas a comprar un coche de segunda mano. El vendedor te dice que su precio inicial es de 15.000 euros, pero que está dispuesto a negociar. Tú piensas que puedes regatear y conseguirlo más barato, pero la cifra de 15.000 euros ya se ha quedado grabada en tu mente. Si consigues rebajarlo a 13.000 euros, sentirás que has hecho un buen negocio... aunque el coche podría no valer más de 10.000 euros. Esa primera cifra ha condicionado toda la negociación.

Ahora supongamos que un secuestrador empieza exigiendo un millón de euros y un coche para huir. En realidad, ni él mismo espera que le den eso, pero ha puesto un ancla muy alta para que cualquier concesión parezca una «gran pérdida». Si yo, como negociador, no soy consciente del efecto anclaje, podría verme atrapado en ese marco y ceder demasiado, cuando en realidad la verdadera necesidad del secuestrador podría ser otra.

Pero, cuidado, no hace falta ser evidente y exponer una cifra inicial directamente como anclaje, podemos ser más sutiles y lanzar la cifra como si fuera una broma: «tranquilo, no voy a pedirte un millón de euros». Aunque es evidente que esa cifra no entra a jugar se ha quedado anclada en el inconsciente de la otra persona, por lo que todo lo que esté por debajo del millón será mejor percibido.

Un ejemplo comercial magistral de este sesgo lo protagonizó Jeff Bezos con el lanzamiento del Kindle DX en 2009. Amazon presentó este lector electrónico con un precio inicial de 489 dólares, una cifra elevada para la época. Sin embargo, en los meses siguientes, el precio se redujo a 379 dólares y posteriormente a 259 dólares. Aunque 259 dólares seguía siendo un precio considerable para un *e-reader*, muchos consumidores lo percibieron como una ganga, ya que su mente seguía anclada al precio original. Este movimiento estratégico aprovechó el efecto anclaje: el primer precio que vemos se convierte en nuestra referencia mental, y todo lo que venga después lo juzgamos en función del ancla. Bezos y su equipo utilizaron este sesgo de forma brillante para dar un valor percibido más alto al producto sin que el mercado lo cuestionara.

Como ves, el efecto anclaje es uno de los sesgos más utilizados en negociación, ventas, persuasión comercial y política. Saber detectarlo te permite romper el hechizo del «primer número» y decidir con más objetividad.

### *Sesgo de disponibilidad*

Este sesgo, también acuñado por Tversky y Kahneman, explica que tendemos a sobrevalorar la probabilidad de un evento según la facilidad con la que lo recordamos. Por ejemplo, tras ver noticias sobre accidentes aéreos, muchas personas creen que volar es más peligroso de lo que realmente es. O, si estás en el casino y ves a alguien ganar el premio gordo, creerás que tienes más posibilidades de ganar, aunque las probabilidades sean las mismas de siempre, solo que ahora has presenciado una victoria en directo.

Un caso paradigmático ocurrió tras los atentados del 11 de septiembre de 2001. Las imágenes de los aviones impactando contra las Torres Gemelas fueron tan intensas y repetidas en los medios que muchas personas desarrollaron un miedo irracional a volar. A pesar de que las estadísticas no cambiaron —el avión seguía siendo el medio de transporte más seguro—, el recuerdo vívido de los atentados ancló en la mente colectiva la idea de que volar era ahora peligrosísimo. Este fenómeno fue analizado en profundidad por el psicólogo alemán Gerd Gigerenzer, quien observó que en el año posterior al 11-S, millones de estadounidenses optaron por recorrer largas distancias en coche en lugar de volar. ¿Resultado? Aumentaron los desplazamientos por carretera... y también los accidentes mortales. Según sus cálculos, este cambio en el comportamiento —impulsado por el sesgo de disponibilidad— provocó unas 1.500 muertes adicionales por accidentes de tráfico solo en ese primer año, una cifra mucho mayor que la que se habría producido si la gente hubiera seguido volando con normalidad.

En mi trabajo es clave entender cómo opera este sesgo en criminales. Por ejemplo, supongamos que tengo que convencer a un delincuente de que entregarse es su mejor opción. Si ha visto muchas películas en las que los criminales mueren tras rendirse, su sesgo de disponibilidad propiciará que asocie entregarse con un desenlace fatal, aunque en la realidad las probabilidades de salir con vida sean mucho más altas. En este caso, parte de mi trabajo consistirá en contrarrestar este sesgo dándole ejemplos reales y recientes de criminales que se entregaron y salieron bien parados, y desplazar el foco de su pensamiento automático.

### *Sesgo de retrospectiva*

Seguro que alguna vez has oído a alguien decir, después de que ocurra algo: «¡Si es que se veía venir!». O peor aún, quizás tú mismo lo has dicho (no te preocupes, todos caemos en esto). Este es el sesgo de retrospectiva, un fenómeno descubierto por los psicólogos Baruch Fischhoff y Ruth Beyth en 1975. Básicamente, nuestro cerebro nos engaña haciéndonos creer que siempre supimos que algo iba a pasar... pero solo después de que haya sucedido.

El problema es que esto es mentira. La realidad es que prever el futuro es prácticamente imposible. Creemos que podemos hacerlo porque nuestro cerebro, cuando ya tiene toda la información, reconstruye la historia de forma que parezca lógica y predecible. Pero en el momento en el que no te queda otra que tomar una decisión, lo único que tienes son datos parciales, incertidumbre y conjeturas.

Por eso, a toro pasado, todo el mundo es experto. Después de un partido de fútbol, los aficionados «sabían» que ese penalti fallado iba a costar la victoria. Después de una crisis económica, los analistas «ya lo veían venir». Y en el trabajo policial, siempre hay quien dice «si hubiéramos hecho esto en lugar de aquello, lo habríamos evitado». ¿Seguro? Porque antes de que pasara, nadie tenía esa claridad.

El mayor peligro de este sesgo no es solo la falsa sensación de control, sino el pensamiento de «lo hubiera podido evitar». Este tipo de mensaje es una trampa peligrosa que lleva a la culpa innecesaria y a la obsesión por encontrar errores que, en realidad, solo son visibles en retrospectiva.

### *Efecto Dunning-Kruger*

Este sesgo es el clásico de «el que menos sabe más cree saber». Seguro que has conocido a alguien que habla con una seguridad apabullante sobre un tema del que, en realidad, tiene poca o ninguna idea. Bueno, pues, desde 1999, gracias a los psicólogos David Dunning y Justin Kruger, sabemos que esto no es casualidad: cuanto menos conocimiento tienes sobre algo, menos consciente eres de tus propias limitaciones.

En mi trabajo, este sesgo puede ser una bomba de relojería. Un novato que cree que lo sabe todo puede meter la pata hasta el fondo al interrogar a alguien o al sacar conclusiones precipitadas. También lo verás en testigos que están convencidos de recordar cada detalle a la perfección... cuando en realidad su memoria les está jugando una mala pasada.

¿Y lo contrario? A medida que uno se especializa en un campo, empieza a darse cuenta de lo complejo que es y, paradójicamente, puede dudar más de su propio conocimiento. El clásico «cuanto más aprendo, más cuenta me doy de lo que me falta por aprender».

### *Sesgo de atribución*

Imagínate que vas conduciendo y alguien se te cruza de forma brusca. Inmediatamente piensas «menudo idiota, seguro que es un imprudente». Pero si eres tú quien hace una maniobra parecida, la cosa cambia a «es que tenía prisa» o «no me di cuenta».

Bienvenido al sesgo de atribución, un fenómeno bien documentado en psicología social, sobre todo por Lee Ross. Dicho sesgo nos hace interpretar el comportamiento de los demás como una cuestión de su personalidad («es un descuidado, un incompetente, un irresponsable»), mientras que justificamos el nuestro por las circunstancias («era un mal día, tuve mala suerte, no me quedó otra opción»).

Si alguien miente o se muestra agresivo en una conversación, podríamos pensar que «es una persona deshonesta o violenta», cuando en realidad puede estar bajo presión o asustado. En un interrogatorio, este error puede hacer que interpretemos mal las reacciones de un testigo o un sospechoso.

## *Sesgo de* statu quo

Seguro que has oído la frase «mejor malo conocido que bueno por conocer». Pues bien, esto es el sesgo de *statu quo*, identificado por William Samuelson y Richard Zeckhauser en 1988. Básicamente, nuestro cerebro tiende a preferir que las cosas se queden como están, aunque el cambio pueda ser mejor.

¿Por qué pasa esto? Porque cambiar implica incertidumbre y esfuerzo. Incluso cuando la situación actual no es ideal, solemos pensar «bueno, tampoco estamos tan mal», «¿y si el cambio es a peor?» o «ya me he acostumbrado a esto».

Un ejemplo muy común: imagina que llevas años con el mismo plan de teléfono o la misma compañía de seguros. Sabes que hay opciones más baratas y mejores, pero nunca te pones a cambiarlo. ¿Para qué tocar nada si más o menos funciona? Esa resistencia, aunque irracional, tiene nombre: sesgo de *statu quo*.

Y aquí viene lo interesante: puedes usar este sesgo a tu favor. Si necesitas que alguien acepte una nueva propuesta o dé un paso diferente, haz que ese cambio parezca lo más parecido posible a «lo de siempre». Minimiza lo nuevo, reduce la sensación de riesgo y, sobre todo, hazle sentir que no tendrá que hacer grandes esfuerzos ni enfrentarse a lo desconocido. Cuanto más fácil y familiar le parezca la transición, menos resistencia mostrará.

### *Efecto marco*

El efecto marco es el rey del engaño sutil. Se trata de cómo la forma en que se presenta una información puede cambiar por completo la manera en que la interpretamos, aunque el contenido sea el mismo. Ejemplo sencillo: imagina que estás en un hospital y te dicen que una operación tiene un 90 por ciento de éxito. Suena bastante bien, ¿no? Pero si te dicen que tiene un 10 por ciento de fracaso, la cosa ya no parece tan atractiva. Es exactamente la misma estadística, pero enmarcada de manera diferente.

En la negociación y en la comunicación, esto es clave. No es lo mismo decirle a alguien «si no aceptas esto, perderás dinero» que «si aceptas esto, ganarás más dinero». Aunque el resultado sea el mismo, la forma en que lo expreses puede hacer que la otra persona reaccione de manera completamente distinta.

Como ves, es muy difícil escapar de los sesgos, pero ya que existen es interesante usarlos para sacar ventaja. Si te das cuenta, cuando mostré el vídeo de gatitos y comenté el tema de la fecha de cumpleaños, usé el sesgo de grupo a mi favor. Gracias a él, la jefa de los banqueros me otorgó más confianza, ya que ambos pertenecíamos al grupo de «amantes de los gatos siameses» y «personas que cumplen años el 28 de febrero o cerca». Otra prueba más de que los sesgos funcionan.

# SER Y PARECER

Existen muchísimos más sesgos además de los mencionados, pero lo crucial es entender que actúan en ambas direcciones: si identificas el sesgo en la otra persona, puedes desmontarlo y tomar decisiones más racionales, y si sabes aprovecharlos, puedes incidir en la percepción que los demás tienen de ti.

Y aquí es donde entra en juego un concepto clave: ser y parecer. No basta con ser alguien competente y confiable. También tienes que parecerlo. Porque la **percepción** que los demás tienen de ti determina cómo te tratarán, cuánto confiarán en ti y qué oportunidades te darán. Y lo interesante es que esa percepción no se basa en un análisis objetivo de tus capacidades, sino en sesgos cognitivos.

Como hemos visto, juzgamos a las personas en pocos segundos, con poca información y a través de atajos mentales. Si das una imagen de autoridad y seguridad, la gente asumirá que sabes de lo que hablas (sesgo de autoridad). Si pareces confiable desde el primer momento, los demás tenderán a ver todo lo que hagas bajo una luz positiva (efecto halo). Si encajas en lo que la gente espera de un experto en tu campo, te percibirán como tal sin cuestionarlo demasiado (sesgo de atribución).

Imagínate que eres un médico que tiene que realizar una operación complicada. Si desde el primer momento transmites control, calma y confianza, el paciente te creerá más y será más fácil que acepte tus recomendaciones, tanto antes como después de la operación. No porque haya analizado tu currículum ni porque le hayas mostrado tu historial de operaciones exitosas, sino porque su cerebro ha tomado un atajo: «Tiene pinta de saber lo que hace, así que me quedo en sus manos y le hago caso».

Ahora, el problema es el siguiente: si eres bueno, pero no pareces bueno, los sesgos jugarán en tu contra. El sesgo de *statu quo* hará que prefieran a alguien más conocido, aunque tú seas mejor. El sesgo de atribución puede hacer que cualquier error tuyo se perciba como una señal de incompetencia, mientras que a otro en tu misma situación se lo perdonarían porque «ha tenido mala suerte».

Por eso, proyectar bien lo que eres no es opcional, es una necesidad. Y aquí no estamos hablando de engañar a nadie ni de aparentar algo que no eres, sino de asegurarte de que los demás ven la mejor versión de ti. Porque, seamos sinceros: ser bueno no es suficiente si nadie se da cuenta.

Esto es muy sencillo. Yo puedo ser muy buen profesional, o parecerlo. Puedo ser una persona confiable, o parecerlo. Puedo ser un excelente negociador, o parecerlo. Pero ¿y si en lugar de elegir entre una cosa u otra contribuimos a que se den ambas? Porque lo ideal no es solo ser bueno, sino ser bueno y, además, parecerlo.

El problema es que muchos son buenos en lo suyo, pero no lo parecen. Y eso les penaliza. Soy un firme defensor de que el tiempo pone a cada uno en su sitio... pero, en demasiadas ocasiones, esto ocurre a largo plazo. Y a nosotros no nos interesa esperar años a que los demás se den cuenta de lo que valemos. No queremos esperar a un futuro ascenso ni a que nos compren nuestro producto ni a que confíen en nosotros. Por lo tanto, hay que preocuparse por serlo, pero sobre todo por parecerlo. ¿Para qué? Para que todo venga de manera justa y merecida, y antes.

### Claves para que los sesgos jueguen a tu favor

- **Haz que tu imagen encaje con lo que representas**. La gente evalúa a los demás en función de estereotipos. Si quieres que te vean como un líder, debes parecer un líder. Si quieres que confíen en ti, tu lenguaje corporal, tu tono de voz y tu actitud deben reforzarlo.
- **Genera confianza desde el primer contacto**. Lo que alguien piense de ti en los primeros segundos condicionará cómo interprete todo lo demás. Si

de entrada proyectas seguridad y competencia, será difícil que cambien esa percepción.

- **Utiliza el efecto halo a tu favor.** Si das una imagen profesional, si cuidas los detalles y si muestras seguridad, los demás asumirán que todo lo que haces es de calidad, incluso sin analizarlo a fondo.
- **Enmarca la información de forma positiva.** El efecto marco influye en cómo percibimos los mensajes. No es lo mismo decir «esto es difícil, pero lo intento» que «esto requiere habilidad, y por eso lo hago».

En definitiva, si controlas la imagen que proyectas, controlas la forma en la que te perciben. Y si controlas la forma en la que te perciben, ganas ventaja. Porque, aunque la realidad importa, la percepción es la que manda.

# EL PREPERFILADO

Ya hemos visto que usar los sesgos para mejorar la percepción que los demás tienen sobre nosotros funciona, pero si queremos dar en la diana y no emplearlos a ciegas necesitamos conocer, aunque sea muy poco, a la persona con la que estamos interactuando. Es precisamente por este motivo que los cuerpos de seguridad de todo el mundo llevan años desarrollando la técnica del perfilado criminal, que sirve para identificar patrones de comportamiento en delincuentes. Se basa en analizar el entorno, las acciones previas y los rasgos psicológicos de una persona para prever cómo puede actuar en el futuro. Es decir, se estudian sus huellas psicológicas para construir un perfil lo más exacto posible. Sin embargo, antes de llegar a ese nivel de detalle, hay un paso previo: lo que yo he acuñado con los años como el **preperfilado**.

El preperfilado es el primer eslabón de la cadena, la fase en la que se recopila toda la información posible antes de decidir cómo se va a interactuar con alguien. No se trata solo de saber quién es, sino de entender qué le interesa, qué le motiva, qué valores le mueven. Para ello, me fijo en sus redes sociales, en los lugares que frecuenta, en lo que comparte y comenta. Si la persona no tiene redes, eso no significa que no haya información sobre ella, puesto que su pareja, su familia, sus amigos... quien sea su círculo siempre deja pistas.

Por ejemplo, imagínate que me tengo que reunir con alguien para convencerlo de que invierta en mi *e-commerce*. Antes de hacerlo, investigo sus redes y descubro que le apasiona el *running*. Puede que no lo diga o no lo cuente explícitamente, pero quizás hay una foto suya en la web de una asociación de corredores de su ciudad. Un día sube una imagen cruzando la línea de meta en una carrera, otro día aparece en una ruta de senderismo. Poco a poco, voy dibujando un retrato de sus intereses y hábitos.

Esto me da ventaja. Si el día de la entrevista quiero generar una **conexión rápida**, no necesito soltar un «He investigado todo sobre ti» (no es la mejor estrategia para caer bien). En lugar de eso, llevo la conversación hacia un tema que sé que le interesa. Puedo dejar caer que en dos días corro una media maratón, o que tengo agujetas porque estoy entrenando para una carrera. O, incluso mejor, puedo influir de una manera más sutil: imagina que he descubierto que esta persona es de Gijón y que de vez en cuando va al campo a animar a su equipo. Pues yo voy y me presento a la reunión con una americana en la que llevo un pequeño pin del Sporting de Gijón. Si ella es aficionada sentirá una conexión instantánea.

Quizá ni siquiera me pregunte por ello, pero ya hay algo en su subconsciente que le dice que compartimos algo en común. Y si lo hace, puedo contarle una historia: «No soy de Gijón, pero de niño me fascinaba un portero, Ablanedo, que jugaba allí, un tipo con mucha determinación. Desde entonces, le tengo cierto cariño al equipo».

¿Qué estoy haciendo con esto? Estoy activando su sesgo de grupo. Le estoy mostrando que, de algún modo, formamos parte de una misma tribu. Y cuando sentimos que alguien es parte de nuestra tribu, nos abrimos más, confiamos más, estamos más dispuestos a escuchar. En definitiva, gracias al preperfilado he podido, primero, analizar, después, conocer y, finalmente, influir de manera positiva en la interacción.

**¡Cuidado con esto!**

La historia tiene que colar. Si vas a usar un comentario personal para generar conexión, asegúrate de que sea verosímil. No hace falta ser de Gijón para llevar un pin del Sporting, pero si te preguntan... más te vale tener una respuesta rápida y creíble. Nada de inventarte un pasado como recogepelotas en El Molinón si no puedes sostenerlo. Si la explicación suena forzada o demasiado rebuscada, el efecto puede ser justo el contrario: parecerás un manipulador en vez de alguien con intereses comunes. Así que prepárate para lo peor —aunque nadie te pregunte nada— y ten siempre un buen plan B en la recámara. La naturalidad manda.

El preperfilado, además de ayudarnos a generar confianza, será clave para que podamos interpretar el lenguaje corporal de la otra persona. Más adelante veremos en qué nos podemos fijar para interpretar gestos y posturas, pero está claro que tener información previa nos ayudará en la interpretación de los movimientos y las expresiones. Voy a contarte un ejemplo para que entiendas a qué me refiero. Durante uno de mis trabajos de investigación en la UCO tuve que interrogar a un sospechoso de extorsión. Varias personas del cuerpo ya lo habían interrogado, pero no habían logrado sonsacarle ninguna información. Se trataba de agentes con muchísima preparación y con la misma formación que yo, pero había algo que no estaba funcionando. Cuando analizábamos su comunicación no verbal durante las entrevistas nos dábamos cuenta de que hacía gestos de desagrado, incluso de enfado e incomodidad, pero no lográbamos identificar por qué.

Antes del interrogatorio hice el preperfilado. Además de leerme los informes, empecé a buscar cualquier información en sus redes, cualquier indicio que pudiese ayudarme a enfocar la entrevista. Era muy poco activo, y la red que usaba con mayor frecuencia era LinkedIn, donde hablaba sobre *bitcoins* y gestión de *start-up*. Todas sus fotos eran «profesionales» y salía solo, y en «etiquetados» no había nada. Estaba claro que quería guardar las apariencias y que se preocupaba por la imagen que proyectaba. De repente, me di cuenta de que sus redes eran muy masculinas: ni rastro de un *repost* de un artículo escrito por una usuaria, ni rastro de un *like* a una mujer empresaria... Solo con esto no podía llegar a conclusiones precipitadas, así que escarbé más. Descubrí que tenía un Facebook que no actualizaba desde hacía tiempo, con otro nombre de usuario, y donde su imagen no tenía nada que ver con la que proyectaba en LinkedIn. Había un montón de comentarios misóginos y racistas, «me gusta» a vídeos que defendían la violencia contra las mujeres... Ahora ya entendía lo que estaba pasando.

Si los intentos de interrogatorio anteriores no habían tenido éxito era porque los habían llevado a cabo una mujer y una persona con rasgos no caucásicos. Si hubiésemos tenido antes esta información, habríamos encarado al sospechoso directamente con alguien que no le generase rechazo, lo cual nos hubiera ahorrado bastante tiempo. Sus expresiones previas estaban muy relacionadas con el odio que tenía a estos colectivos, por lo que si queríamos que nos diera información era pertinente que el entrevistador no formara parte de los colectivos a los que rechazaba. Cuando le entrevisté, nos dio la información que necesitábamos.

## *El preperfilado en tiempo real*

No siempre tienes la suerte de saber el nombre de la persona con la que te vas a encontrar. Ojalá todo fuera tan fácil como hacer una búsqueda rápida en redes y tener un dosier completo de su vida, pero en el mundo real muchas veces toca improvisar. Aquí es donde entra en juego el **preperfilado en tiempo real**: la capacidad de leer las señales en el momento, de detectar detalles útiles y acudir a ellos para guiar la interacción a tu favor.

Hablamos de «preperfilado» porque es previo a nuestra toma de decisiones sobre cómo vamos a abordar a quien nos interesa. Puede que hasta ahora no tuviéramos claro qué enfoque adoptar con él, pero gracias a lo que acabamos de observar, contamos con una estrategia que se puede aplicar en tiempo real. No necesitamos un mes de investigación ni a un equipo de analistas, solo necesitamos ser rápidos, observadores y perspicaces.

Imagina que estás en el despacho de la persona con la que tienes una entrevista. El espacio habla. Y dice mucho. ¿Qué hay en las paredes? ¿Un diploma en Relaciones Públicas? Quizás te convenga destacar en la conversación esa parte de tu experiencia que tiene que ver con comunicación y gestión de equipos. ¿Fotos de viajes a Asia? A lo mejor un comentario sobre tu última escapada a Japón puede generar un punto de conexión. ¿Un póster de AC/DC en la estantería? Pues si tienes una segunda ronda de entrevistas, igual no es mala idea cambiar tu tono de llamada por una canción de AC/DC. Asegúrate de que el móvil suene en la mitad de la reunión, no lo cojas, pide disculpas de forma educada y apágalo. El mensaje ya ha llegado: tú también eres fan. O, si prefieres algo más sutil, puedes cambiar el fondo de pantalla de tu móvil por uno del grupo y dejarlo sobre la mesa de forma natural. Y si en algún momento puedes lanzar un guiño en la conversación («En mi último trabajo íbamos a un ritmo frenético, parecía un concierto de AC/DC»), mejor que mejor. Eso sí, acuérdate de hacerlo siempre con naturalidad. Si te pregunta cuál es tu álbum favorito y te quedas en blanco, te pillará la jugada.

Porque, al final, todo esto trata de **generar confianza**. Si consigo generar confianza, el resto viene solo. Que elijas una estrategia u otra dependerá de con quién hables, del contexto, de la formalidad de la situación y, sobre todo, de lo cómodo que te sientas aplicándola. Cada persona tiene su llave y no existe una maestra capaz de abrir todas las puertas, pero sirviéndote del preperfilado puedes trazar un plan para convertirte en un buen cerrajero.

Y esto no solo vale para entrevistas o negociaciones. Lo puedes aplicar en cualquier situación: cuando vas a comprar un coche, cuando te reúnes con el profesor de tus hijos, cuando hablas con un desconocido en un evento... En el fondo, perfilamos constantemente sin darnos cuenta, pero hacerlo con intención y estrategia te coloca siempre un paso por delante.

Esa tarde de domingo en la que mi hijo me sorprendió viendo vídeos de gatitos no estaba procrastinando, estaba preperfilando. Su mente aplicó un par de atajos clásicos: el sesgo de confirmación (creemos en lo que queremos creer) y el sesgo de atribución (tendemos a explicar el comportamiento de los demás por su carácter, no por factores situacionales). En su cabeza, ver vídeos de gatos entraba en la categoría de «perder el tiempo», mientras que si hubiera estado escuchando un pódcast de psicología, probablemente lo habría etiquetado como «trabajo».

Aquella sesión con los gestores de fondos no la preparé solo con teoría, sino con preperfilado en acción. Primero, investigué las redes de la jefa del grupo (análisis). Ahí descubrí que tenía gatos siameses a los que adoraba, tanto que había más fotos de sus felinos que de ella misma (conocimiento). Y con esa información, tracé mi estrategia: si quería que la sesión le resultara atractiva desde el primer minuto, necesitaba conectar con algo que le gustase (influencia). ¿Y qué mejor manera de generar simpatía que incluir en la presentación vídeos de gatitos?

Al final, la jugada funcionó. No sé si me contrataron al año siguiente por todo lo que les enseñé sobre comunicación no verbal o simplemente porque les puse vídeos de felinos adorables, pero lo que está claro es que dejé un impacto positivo en ellos. Y eso, en cualquier interacción, es lo que marca la diferencia.

## Resumiendo, que es gerundio

- Las emociones y la razón trabajan juntas: el sistema 1 influye en nuestras decisiones inmediatas, mientras que el sistema 2 reflexiona sobre decisiones más complejas, pero ambos se complementan.
- Los sesgos son atajos mentales que distorsionan nuestra percepción, por lo que afectan negativamente a nuestra toma de decisiones. Es importante que te preguntes si estás operando bajo su influencia.
- No basta con ser competente, también hay que parecerlo. La percepción que los demás tienen de ti, influenciada por los sesgos, determina cómo te tratan y las oportunidades que se te presentan.
- El preperfilado, el proceso que consiste en reunir información previa sobre alguien, te da ventaja en la interacción. Úsalo de forma estratégica y con naturalidad.

# 2
# ME GUSTAS CUANDO HABLAS... PORQUE ESCUCHO ACTIVAMENTE

Hablar es una necesidad, escuchar es un arte.

JOHANN WOLFGANG VON GOETHE

Hace unos años, en plena noche, recibí una llamada urgente. Era uno de esos casos en los que no te da tiempo ni a tomarte un café antes de salir disparado. Un hombre estaba en la cornisa de un puente, amenazando con saltar. Varias patrullas ya estaban en la zona, pero él no quería hablar con nadie. Decía que no se fiaba.

Cuando llegué, lo vi encaramado en el filo, con la mirada perdida en el vacío. Me acerqué despacio.

—Vaya noche de mierda, ¿eh? —solté, como si estuviera comentando el tiempo con un vecino en el ascensor.

No respondió. Pero tampoco me mandó a la mierda, lo cual ya era un buen comienzo.

Me quedé ahí, a unos metros, sin presionarle. Dejé que el silencio hiciera su trabajo. Unos segundos después, masculló algo que apenas entendí.

—¿Qué has dicho?

—He dicho que me dejéis en paz.

—Vale —asentí—. Pero, antes de eso, ¿me puedes hacer un favor?

Frunció el ceño. No se lo esperaba.

—Depende.

—¿Me podrías dar tu nombre? No quiero llamarte «tú».

Se lo pensó, pero al final contestó. Se llamaba Juan. Un nombre común, pero ahora ya tenía algo a lo que agarrarme. Lo repetí en mi cabeza varias veces mientras daba un paso más, muy despacio, sin romper la distancia que él mismo había marcado.

No quería avasallarle con preguntas, ni pedirle explicaciones. La mayoría lo hacen: «¿Qué te ha pasado?», «¿Por qué estás aquí?». Pero yo sabía que esa no era la mejor forma. Así que opté por otra ruta.

—Juan, una pregunta. Hasta hoy, ¿qué es lo que te ha impedido hacerlo?

Levantó la cabeza, sorprendido. No se lo esperaba.

Tardó en responder. Pero, cuando lo hizo, su voz sonó más baja, menos tensa.

—No lo sé.

—Algo habrá. —Hice una pausa—. A ver... si llevas tiempo sintiéndote así, si esta no es la primera vez que lo piensas, pero sigues aquí... ¿qué te ha frenado hasta ahora?

Bajó la mirada.

—Mi hija.

Ahí estaba. Ahí tenía mi ancla.

Asentí despacio. No solté un «¿Y qué diría tu hija si te viera aquí?», porque eso habría sido un error. Si su relación con ella no era buena, podría haber sido el empujón que le faltaba. En cambio, mantuve el enfoque:

—Tu hija. Vale. ¿Cuántos años tiene?

—Ocho.

—Ocho... —repetí, dándole peso a la palabra—. A esa edad, las niñas son como esponjas, lo absorben todo. Seguro que es lista.

Él asintió, casi sin darse cuenta.

—Mucho.

—¿Y qué crees que aprendería de ti si estuviera aquí ahora?

El silencio se alargó. Y, en ese vacío, algo cambió.

Podía verlo en su postura, en cómo sus manos, crispadas hasta ese momento, aflojaban un poco. No hacía falta seguir machacando. Solo darle un respiro, un espacio para pensar.

Dejé pasar unos segundos y solté la última carta.

—Mira, Juan. Lo que estás a punto de hacer es tan importante que no tienes por qué hacerlo ahora. No tengas prisa. Lo puedes hacer dentro de un rato. O mañana. O pasado.

Le miré fijamente.

—Dame la oportunidad de ayudarte. Solo eso.

El tiempo pareció detenerse. Un segundo. Dos. Tres. Hasta que, por fin, dio un paso atrás.

Esa noche, Juan no tomó la decisión definitiva. Pero tomó una decisión: bajarse del puente. Y en ese momento, fue suficiente.

Porque, a veces, la diferencia entre la vida y la muerte está en algo tan simple como hacer la pregunta correcta. Y, sobre todo, en saber escuchar la respuesta.

# CÁLLATE UN RATO Y APRENDE A ESCUCHAR

Juan no necesitaba un discurso motivacional, lo que necesitaba era que alguien se callara lo suficiente como para poder escucharlo de verdad, para dejarle espacio. Nos han metido en la cabeza que el **silencio** es incómodo, que si no hablas es porque no tienes nada que decir o, peor aún, porque no tienes ni idea de lo que está pasando. Así que venga, a llenar los huecos con cualquier cosa, aunque sea una chorrada; lo importante es no dejar espacios vacíos. Pero la realidad es otra: hablar por hablar no te hace parecer más listo, ni más interesante, ni más persuasivo. Muchas veces, todo lo contrario.

Seguro que has estado en alguna conversación en la que alguien no paraba de hablar, encadenando temas sin ton ni son, sin escuchar a nadie. ¿Qué pensaste? Probablemente algo como: «Madre mía, qué pesado». Ahora bien, cuando alguien habla con calma, dice lo justo y necesario y, sobre todo, sabe escuchar, la impresión cambia por completo. Esa persona parece segura, transmite confianza y, sin hacer mucho ruido, controla la situación. Charlatán, vendemotos, lenguaraz, bocachancla, cotorra, parlanchín, sacamuelas... todos términos para referirse a alguien que no calla ni debajo del agua, como sería el primer caso. En cambio, cuando alguien es elocuente, buen conversador y comunicativo, su forma de hablar se percibe de otra manera. Y el truco para estar en la segunda categoría en lugar de en la primera está en el uso inteligente del silencio. Saber cuándo hablar y cuándo callar es lo que marca la diferencia entre parecer un vendehúmos y ser alguien que realmente tiene algo que decir.

El silencio bien usado es una herramienta potentísima. No solo te da tiempo para pensar antes de soltar cualquier cosa sin filtros, sino que también transmite seguridad y hace que los demás sean más proclives a compartir información contigo. No hace falta que te diga que la información es poder y que cuando dejamos espacio para que la otra persona hable conseguimos colarnos en su intimidad y que nos muestre lo que de verdad piensa y le preocupa.

### La regla del 80/20

Seguramente has oído hablar del principio de Pareto, o del 80/20. En productividad, se dice que el 80 por ciento de los resultados vienen del 20 por ciento del esfuerzo. En ventas, que el 80 por ciento de las compras vienen del 20 por ciento de los clientes. Pues bien, en comunicación pasa lo mismo: el 80 por ciento del tiempo deberías escuchar y solo el 20 por ciento hablar. En otras palabras, si en una conversación sientes que llevas demasiado rato con la boca abierta, quizá es momento de cerrarla un poco y prestar atención a lo que el otro tiene que decir.

Cuando hablas menos y escuchas más, la otra persona siente que su opinión importa, se relaja y, muchas veces, termina soltando información clave sin necesidad de someterla a un tercer grado.

Escuchar bien no es solo quedarse callado mientras el otro habla, sino que requiere que el oyente tenga una responsabilidad. Como afirmaban los psicólogos Rogers y Farson, quienes acuñaron el término *escucha activa* en 1957, no se trata de absorber «pasivamente las palabras», sino de intentar captar «activamente» los hechos. Es estar presente, mostrar interés por lo que se dice (y lo que no se dice) y hacerle saber al otro que estás ahí, atento.

## *Generar* rapport

Cuando practicas la escucha activa pones en marcha varias habilidades clave: atención plena, lenguaje corporal adecuado, reformulación de ideas y preguntas oportunas. No es simplemente asentir con la cabeza mientras piensas en otra cosa, sino demostrar con tu actitud que lo que te están contando te interesa. Y aquí está la clave: cuando alguien siente que lo escuchas de verdad, se abre, confía en ti y se genera un vínculo más fuerte. Esto es lo que se conoce como *rapport.*

El *rapport* es la conexión psicológica que se establece entre dos personas cuando están en sintonía. Es lo que hace que una conversación fluya, que el otro esté cómodo y que, en muchos casos, baje la guardia. Si alguna vez has sentido que con ciertas personas hablas sin esfuerzo, como si os conocierais de toda la vida, es porque habéis generado *rapport.* Y la mejor forma de conseguirlo es, adivina cómo... escuchando bien.

Ahora bien, ¿qué pasa cuando alguien siente que no le estás escuchando? En el mejor de los casos, perderá el interés en hablar contigo. En el peor, se frustrará, se sentirá ignorada y desconectará emocionalmente. Y esto, en cualquier interacción, es un problema. No escuchar activamente transmite un mensaje claro: «No me importa lo que estás diciendo». Y cuando alguien siente eso, todo lo demás se viene abajo.

La buena noticia es que la escucha activa se puede entrenar. Escuchar activamente no es solo cerrar la boca, es abrir la mente. Para lograrlo, mantén siempre una actitud respetuosa y empática. Esto significa intentar ver la situación desde los zapatos del otro, sin juzgar ni ir por delante con tus ideas preconcebidas. A veces cuesta, sobre todo cuando ya tienes medio discurso preparado en la cabeza, pero se trata de estar presente y dejar que la otra persona se exprese sin prisas ni interrupciones. Aunque no estés de acuerdo, escúchala igual. Que entienda que, al menos, la estás intentando comprender.

Y, por favor, deja el móvil quieto. Nada mata el *rapport* más rápido que mirar la pantalla mientras el otro te cuenta algo importante. Tampoco vale eso de estar esperando a que acabe solo para soltar tu contraataque brillante. Escuchar bien es poner el foco en lo que dice el otro... y en cómo lo dice: su tono, sus pausas, sus gestos. Tu cuerpo también escucha, así que ponlo a trabajar contigo. Mantén contacto visual, muestra interés con la postura y asiente de vez en cuando.

### *Técnicas de escucha activa*

Si quieres que la otra persona sienta que la estás escuchando de verdad, necesitas poner en práctica las técnicas de escucha activa. Se trata de herramientas sencillas, pero muy eficaces, que te ayudarán a mejorar la comunicación y a generar una conexión real con los demás. Los psicólogos Allen E. Ivey, Mary Bradford Ivey y Carlos P. Zalaquett han sistematizado muchas de estas técnicas y las utilizan como base para entrenar a profesionales de la escucha en todo el mundo.

## Paráfrasis

Yo a esto lo llamo «decir lo mismo, pero con gracia». La paráfrasis no es otra cosa que repetir lo que el otro ha dicho, pero con tus propias palabras. Reformularlo para confirmar que has pillado bien el mensaje. Por ejemplo, si alguien te dice: «Estoy harto de que mi jefe me cargue de trabajo y ni siquiera me dé las gracias», puedes responderle algo como: «O sea, que sientes que te están exigiendo demasiado y que no valoran tu esfuerzo». Con eso no solo le haces ver que le prestas atención, sino que, además, le ayudas a poner orden en su propio caos mental.

**¡Cuidado con esto!**

Hay quien defiende que repetir las últimas palabras del otro es una técnica infalible para demostrar que estás escuchando. Y sí, puede funcionar una vez. Pero si lo haces en cada frase, prepárate para parecer un loro con traje. Imagínate este diálogo:

—Mi chica está superrara conmigo, porque casi no hablamos, viene tarde del trabajo...

—Viene tarde del trabajo.

Mal. Muy mal. No estás escuchando, estás haciendo eco. En lugar de repetir como si fueras un asistente de voz, reconecta con la emoción o refuerza la idea:

—Claro, es una situación muy incómoda.

Eso sí demuestra que estás escuchando con interés y con cabeza.

### Reflejo

Esta técnica va un paso más allá. No solo repites ideas, sino que devuelves la emoción que la otra persona está transmitiendo. Es una forma de mostrar empatía sin hacer grandes discursos. Si alguien te cuenta con cara de fastidio que lleva toda la semana aguantando clientes insufribles, una buena respuesta sería: «Uf, suena agotador. Se nota que esto te está desgastando». Con una frase así, el otro siente que le entiendes, que conectas, y lo más probable es que se abra aún más. El reflejo emocional es como poner un espejo delante del otro, pero sin que se sienta juzgado.

### Clarificación

A veces la gente habla como si tú ya supieras toda la historia. Saltan de una idea a otra, dan cosas por hechas o se explican regular. Y aquí es donde entra la clarificación: hacer preguntas sencillas para asegurarte de que lo estás entendiendo bien. Si alguien te suelta: «No aguanto más a mi compañero de trabajo», podrías preguntar: «¿Te refieres a su actitud en general o a algo en concreto que ha hecho últimamente?». Así demuestras que estás conectado con lo que cuenta y, de paso, ayudas a que la conversación gane en profundidad.

## Resumen

Cuando una conversación se va por las ramas y empieza a parecer un capítulo de serie con muchas tramas abiertas, un buen resumen puede hacer magia. Sirve para poner orden sin cortar el ritmo. Por ejemplo, si una amiga te ha estado contando durante un buen rato que discutió con su madre, que su pareja está distante y que encima tiene mil cosas pendientes, podrías decir: «O sea, estás un poco saturada entre los problemas en casa, tu pareja y todo lo demás que tienes que hacer, ¿no?». Con eso no solo haces que esta amiga sienta que la estás escuchando, sino que le devuelves una versión más clara de su propio discurso. Y eso, muchas veces, es más útil que cualquier consejo.

**Claves para demostrar que estás escuchando activamente**

- **Mantén una actitud de respeto y empatía.** Intenta ver la situación desde el punto de vista de la otra persona, sin juzgarla ni adelantarte a sus palabras.
- **Presta atención de verdad.** Nada de mirar el móvil o pensar en qué vas a cenar. Tampoco vale pensar en la réplica para lucirte. Enfócate en lo que la otra persona dice y, sobre todo, en cómo lo dice.
- **Controla tu lenguaje corporal.** El contacto visual, los gestos con las manos, la postura abierta y

asentir de vez en cuando ayudan a mostrar interés.

- **Usa técnicas de escucha activa.** Paráfrasis, reflejo, clarificación, resumen... ¡Sírvete de todas ellas!

Cuando aplicas bien las técnicas de escucha activa, no solo estás mejorando la comunicación, estás facilitando lo que en psicología se conoce como **ventilación emocional**. Este concepto hace referencia al proceso por el cual una persona reduce su carga emocional al expresarse en un entorno seguro y receptivo. Es decir, cuando alguien habla y se siente escuchado su activación emocional empieza a disminuir. Y no lo digo yo, lo dice la neurociencia.

Según estudios como los de James J. Gross sobre regulación emocional, poner en palabras lo que sentimos —lo que se llama **etiquetado emocional**— reduce la actividad de la amígdala, es decir, del sistema 1, que es el centro de control del miedo y otras emociones intensas. Esto permite que el cerebro recupere el equilibrio y que otras regiones, como la corteza prefrontal (responsable de la toma de decisiones racionales y que se encuentra en el sistema 2), puedan intervenir con más claridad. Es decir, cuando hablamos y nos sentimos comprendidos, bajamos el «perfil emocional» y subimos el «perfil lógico». Empezamos a pensar con más calma, estrategia y menos vísceras.

Y esto es clave. Porque una persona con el perfil emocional disparado está a la defensiva, atrapada en su emoción. Pero si le das espacio para hablar, si haces buenas paráfrasis, devuelves emociones con el reflejo y haces preguntas que le ayudan a ordenar el caos, se produce una especie de «descompresión». Poco a poco, se desinfla la tensión interna. Se regula. Y entonces es cuando aparece la versión más razonable de esa persona: más analítica, más receptiva, más capaz de tomar decisiones con *cabeza*. En ese terreno sí se puede conversar, negociar, comprender e influir.

# YA SABES LEER A LOS DEMÁS

La escucha activa tiene muchas virtudes, pero hay una que no hemos comentado todavía y que estoy seguro de que te es familiar: lo que llamamos **intuición**, pálpito, instinto, olfato, corazonada. Esa sensación que aparece sin previo aviso, sin que nadie te lo diga y sin que haga falta que tu interlocutor suelte una palabra. Pero ahí está. Un cosquilleo en el estómago, un aviso en la nuca, algo dentro de ti que dice *aquí pasa algo*.

Si te ha ocurrido es que has estado aplicando las técnicas de escucha activa. Has aprendido a cerrar el pico y a prestar atención de verdad. Ya no eres de esos que asienten mientras piensan en lo que van a cenar. Ahora escuchas. Y entonces, sin que nadie te lo diga, sin que haya palabras de por medio, lo notas. Algo no cuadra. No sabes explicarlo, no hay una razón obvia, pero lo sientes.

No eres Sherlock Holmes, no has hecho un máster en comunicación no verbal (o sí, quién sabe), pero sin querer has captado una señal. Un cambio en la respiración, una postura más encogida, una sonrisa que se siente... falsa. Y entonces te sale preguntarlo: «Oye, ¿qué te pasa? Te noto raro». Y lo mejor de todo es que muchas veces aciertas. La otra persona duda, respira hondo y al final lo suelta: «Nada... bueno, sí, la verdad es que tengo la cabeza en otro sitio».

Y ahí lo tienes. Porque cuando callas y escuchas de verdad, no solo con los oídos, sino con todo el cuerpo, te conviertes en una especie de antena humana capaz de percibir lo que el otro siente, incluso antes de que lo diga. Es casi magia... pero no lo es. Esta «intuición» en realidad tiene una explicación científica. No es brujería, es tu cerebro haciendo lo que mejor sabe hacer: conectar con otros cerebros. Y para eso, tiene un arma secreta.

## *Las neuronas espejo: si yo siento tú sientes*

Si alguna vez has bostezado solo porque alguien a tu lado lo ha hecho primero, felicidades: tus **neuronas espejo** funcionan de maravilla. Estas pequeñas «traidoras» en tu cerebro hacen que imites sin darte cuenta lo que ves en los demás, y son en buena parte responsables de que puedas entender lo que otra persona siente, sin necesidad de que diga una sola palabra.

Desde el punto de vista neurocientífico, las neuronas espejo son un tipo especial de neuronas motoras y sensoriales que se activan tanto cuando ejecutas una acción como cuando observas a otra persona ejecutándola. Esta «doble vía» hace que tu cerebro no solo vea, sino que simule internamente lo que está presenciando. Su descubrimiento se lo debemos a un grupo de neurocientíficos italianos liderados por Giacomo Rizzolatti, en la Universidad de Parma. En los años noventa, mientras estudiaban el cerebro de unos monos, observaron algo curioso: ciertas neuronas se activaban no solo cuando el mono realizaba una acción, como agarrar un plátano, sino también cuando veía a otro hacerlo. Más tarde, otros investigadores —como el psiquiatra Marco Iacoboni, en la Universidad de California en Los Ángeles— demostraron que los humanos también contamos con este sistema, y que está estrechamente ligado a procesos de comprensión emocional. Es decir, las neuronas espejo no solo imitan gestos o movimientos, también se encienden cuando vemos emociones en los demás.

**Un café reconfortante vs. un café asqueroso**

En 2008, Marco Iacoboni demostró que, si ves a alguien tomarse un café, tu cerebro activa las mismas áreas que usarías si tú mismo lo estuvieras bebiendo. Se activan las zonas encargadas de sostener la taza, acercarla a la boca, tragar... incluso aunque no te muevas. Pero lo mejor es que esto no se limita al movimiento, también se extiende a la emoción. Si esa persona saborea el café con placer, tu cuerpo se relajará un poco. Si, en cambio, pone cara de asco, es probable que sientas un pequeño rechazo, aunque no hayas probado ni una gota.

Si alguien frunce el ceño con miedo, tú no solo lo ves, tu cerebro lo simula internamente. Esa simulación es lo que te permite sentir lo que siente el otro sin necesidad de palabras y es lo que da lugar al fenómeno que llamamos **contagio emocional.** Imagina que ves a alguien hacer una mueca de miedo, como si hubiera visto un fantasma. No estás viendo el fantasma ni tienes motivos reales para asustarte, pero tu cuerpo reacciona: se tensa, frunces un poco el ceño o te dan escalofríos. ¿Por qué? Porque tu cerebro ha activado los mismos circuitos que si tú estuvieras viviendo esa emoción, y esos circuitos incluyen estructuras como la ínsula y la corteza cingulada anterior.

La ínsula es una región cerebral que registra el estado del cuerpo por dentro: temperatura, ritmo cardíaco, presión visceral... Es la que te dice «esto me huele mal», aunque no sepas por qué. Y la corteza cingulada anterior se encarga de detectar conflictos emocionales, de regular la conducta y de asignar valor emocional a lo que estás viviendo. Las dos están estrechamente conectadas al sistema 1 de Kahneman: ese sistema rápido, intuitivo, automático y emocional que no analiza, actúa.

Así que el contagio emocional es una respuesta refleja, generada por el sistema 1 con la ayuda de las neuronas espejo. No es lo mismo que un **secuestro emocional**, ojo. El contagio emocional es el fogonazo inicial, notas la emoción ajena en tu cuerpo, pero aún tienes el control. El secuestro emocional, en cambio, ocurre cuando esa emoción toma los mandos y desactiva el sistema 2 —el racional, el que piensa despacio, sopesa y evalúa consecuencias—. Ahí es cuando gritas, te cierras en banda o tomas decisiones impulsivas sin pasar por la casilla del juicio crítico.

**¡Es una incongruencia!**

Imagina que estás hablando con alguien que te dice «estoy supertranquilo, no pasa nada», pero mientras lo dice, se agarra la mano con fuerza, no para de moverse y tiene una expresión de preocupación en el rostro. Tus neuronas espejo se activan y, aunque la persona no te haya dicho explícitamente que está nerviosa, tu cerebro ya ha percibido esa contradicción. Ese desajuste entre el lenguaje verbal y el no verbal es un clásico para tus neuronas espejo, que lo detectan con facilidad.

Lo interesante es que no necesitas hacer ningún esfuerzo para poner las neuronas espejo en marcha. No lo decides conscientemente, tu cerebro lo hace por ti. Y no solo con el miedo. Lo mismo pasa con la alegría, la tristeza o el enfado. Ver a alguien llorar puede generarte un nudo en la garganta. Ver a alguien reír a carcajadas puede hacerte sonreír. Y todo gracias a estas neuronas que trabajan en segundo plano para ayudarte a conectar. En resumidas cuentas, Iacoboni hizo dos hallazgos que te pueden dar una ventaja brutal:

- Tus neuronas espejo pueden decirte cómo se siente alguien solo con ver su cara, su postura o cómo levanta una ceja. No necesitas contexto ni palabras. Si su gesto es forzado, si su sonrisa no aguanta un segundo de más, si su mirada se escapa... tú lo notas. No porque seas un genio, sino porque tu cerebro lleva millones de años entrenándose para eso.
- Cuando ves a alguien sentir algo, tú también lo sientes. Tal cual. Se activan en tu cabeza las mismas zonas que si fueras tú el que estuviera teniendo esa emoción. Como si te lo hubieran hackeado. Esa es la base de lo que muchos llaman *conexión*, pero que en realidad es una especie de copia emocional interna.

Si conoces el funcionamiento de tus neuronas espejo (¡y ahora ya sí lo conoces!) puedes utilizar estratégicamente tu propia comunicación no verbal para influir sobre otras personas. Si sabes que, al observarte, tu interlocutor activará sus neuronas espejo y experimentará una simulación interna de lo que tú transmites, entonces puedes intencionalmente provocar en él emociones y reacciones específicas. Es decir, cuando controlas tu propia expresión facial, tu postura o tus gestos sabiendo cómo serán interpretados por el cerebro del otro, estás, de alguna manera, dirigiendo sus respuestas emocionales. Esto supone que tu comunicación no verbal no solo transmite un mensaje, sino que lo inserta directamente en la **experiencia emocional** de la otra persona. Si sonríes con sinceridad, relajas tu postura o muestras confianza, es muy probable que quien te observe comience a sentirse relajado o confiado también, sin ser consciente de ello. O, por el contrario, si quieres incomodar a alguien, bastará con mostrar tensión en el rostro, adoptar una postura cerrada o evitar intencionadamente el contacto visual para que comience a sentir nerviosismo o incertidumbre sin necesidad de decir una sola palabra. Valiéndote de sus neuronas espejo, estarás influyendo en su estado emocional.

### *La empatía: te comprendo*

Seguro que mientras leías lo de las neuronas espejo te ha venido a la cabeza esa palabra tan sobada: *empatía*. Y no vas desencaminado. En neurociencia y psicología social, la empatía se entiende como la capacidad de percibir, comprender e incluso experimentar los estados emocionales de otras personas. No es un único proceso, sino un conjunto de mecanismos que pueden operar de forma distinta según el contexto. Algunos son automáticos e intuitivos, mientras que otros requieren una intervención más consciente. Esto explica por qué a veces empatizamos **sin darnos cuenta**, y otras veces lo hacemos de forma más **deliberada**.

Esta distinción ha llevado a la comunidad científica a hablar de dos formas principales de empatía: una más visceral y espontánea, otra más racional y analítica:

- **Empatía emocional.** Es la que se dispara automáticamente cuando ves a alguien experimentar una emoción intensa. Tu cuerpo responde incluso antes de que tengas tiempo de pensar. Esa reacción es posible gracias a estructuras cerebrales como la ínsula, la corteza cingulada anterior, la amígdala y, por supuesto, las neuronas espejo, que reproducen internamente lo que estás observando. Si alguien tiene los ojos llenos de lágrimas, es posible que sientas un nudo en la garganta. No estás interpretando la emoción, la estás reviviendo. Tu cerebro no solo ve, sino que simula. Este proceso es automático, rápido y está muy ligado al sistema 1 de Kahneman: el sistema de pensamiento intuitivo, veloz y no consciente.
- **Empatía cognitiva.** Esta es una forma más reflexiva de empatizar. Es la capacidad de entender lo que siente o piensa otra persona sin necesidad de compartirlo emocionalmente. Aquí no hay contagio emocional, sino razonamiento. Es una forma de lectura mental que se apoya en el análisis del contexto, en la experiencia previa y en la interpretación de señales. Participan otras regiones cerebrales, como el córtex prefrontal medial y los lóbulos parietales, que forman parte del sistema 2: el más lento, racional y deliberado. Puedes notar que

alguien está mal, sin sentir tú lo mismo, lo que te permite actuar con precisión sin verte sobrepasado. Por ejemplo, tu colega llega, tira el abrigo sobre la silla sin decir nada y se sienta con cara de funeral. No necesitas que te lo cuente, sabes que algo va mal. No te duele por dentro, pero lo captas. Y gracias a esta lectura puedes decidir si intervenir, si callar o si usar esa información a tu favor.

Ahora bien, ¿podemos elegir qué tipo de empatía usar? No siempre. A menudo, la emocional se activa sin permiso, y es ahí donde entra la **autorregulación**: la habilidad para reconocer lo que estás sintiendo y decidir si te dejas llevar o si das un paso atrás para activar tu empatía cognitiva. De hecho, en muchas situaciones lo ideal no es escoger una o la otra, sino encontrar un equilibrio: sentir con el otro, sin perder el control.

**¡Cuidado con esto!**

La empatía emocional, si no se regula, puede volverse un arma de doble filo. Hay momentos en los que estamos más vulnerables o sensibles por nuestras propias circunstancias. Si alguien nos cuenta algo que resuena con una experiencia personal, es fácil que, sin querer, el foco deje de estar en el otro y pase a estar en nosotros. A veces, con la mejor intención, queremos acompañar... y acabamos llorando, reaccionando con rabia o incluso juzgando.

> Ser empático no es dejar que te traspasen sin filtro. Es estar ahí, plenamente, sin desaparecer en la emoción ajena. Y si notas que algo te sobrepasa, no pasa nada por parar, pedir tiempo o incluso buscar ayuda. La empatía, bien entendida, incluye también el cuidado de uno mismo.

Llegados a este punto, podría parecer que somos adivinos de emociones. Sin embargo, aunque la empatía —y nuestras queridas neuronas espejo— sea un radar emocional bastante potente, no significa que podamos leer mentes. Tus sensaciones, tus «pálpitos», son pistas. Buenísimas, sí. Pero no son pruebas. Son como señales de tráfico en mitad de la niebla, te orientan, te dan dirección... pero si te lanzas a fondo sin mirar nada más, te puedes comer la curva. Practica la escucha activa, afina tus neuronas espejo y pon atención a tus tripas, pero no pierdas de vista el contexto, tus propios sesgos y limitaciones y todos los demás elementos implicados en la comunicación.

# CÓMO TIRAR DE LA LENGUA: LA OBTENCIÓN INDETECTABLE DE INFORMACIÓN

Te he hablado de la importancia de la escucha activa y del papel de las neuronas espejo, por lo que ahora te voy a contar cómo poner todo eso en práctica para **obtener información** sin que la otra persona se dé cuenta.

La clave aquí, como siempre, es crear un vínculo genuino. El *rapport* del que hablamos antes. Cuanto más cómodo se sienta el otro, más fácil será que comparta información sin necesidad de que le hagas mil preguntas. Y, ojo, porque no solo estamos hablando de influir o jugar a nuestro favor, acuérdate de la tentativa de suicidio que he compartido al inicio de este capítulo: a veces, obtener información sin que el otro se dé cuenta puede ser un salvavidas.

Este concepto no es nuevo, y aunque lo he bautizado como OININ (Obtención Indetectable de Información), se basa en técnicas que Chase Hughes, un experto en comportamiento humano, detalla en su libro *Six-Minute X-Ray: Rapid Behavior Profiling*. Si quieres saber más sobre cómo aplicar estos principios de forma efectiva, este libro es una mina.

**Cuatro claves para obtener información**

1. Enfoca la situación comunicativa como una charla entre amigos, como una conversación improvisada, y no como una entrevista.
2. El interlocutor da la información de manera voluntaria, sin forzar. En vez de bombardear con preguntas, lanza comentarios casuales.
3. Mientras más cómoda esté la persona con quien hablas, más fácil será que la información fluya.
4. Cuanto más comprometida sea la información, menos preguntas deberías hacer. Sé sutil.

*Las técnicas OININ*

Cada ser humano tiene una serie de **necesidades psicológicas** que guían su comportamiento. Desde hace décadas, psicólogos como Abraham Maslow han estudiado estas necesidades y las han clasificado en distintos niveles, organizados en una jerarquía que va desde las más básicas (comer o dormir) hasta otras más elevadas como **la pertenencia, el reconocimiento o la autorrealización**. Estas últimas, que conforman la parte superior de la pirámide de Maslow, son especialmente relevantes en el ámbito de la interacción social. De hecho, son las que entran en juego cuando hablamos de persuasión, conexión emocional o influencia conversacional.

**Pirámide de Maslow**

Cuando aplicamos **técnicas de obtención indetectable de información** (OININ), nuestro foco se dirige a esos niveles superiores: a la necesidad de ser escuchado, de sentirse valorado, de mostrar lo que uno sabe o defender la propia identidad o postura. En este contexto es cuando surgen los llamados **factores humanos**: impulsos automáticos, universales, que se activan durante una conversación. Estos factores explican por qué ciertas frases disparan respuestas concretas sin que la otra persona lo perciba como una manipulación. Son mecanismos muy potentes porque tocan fibras sensibles que casi nadie puede evitar:

- **Necesidad de escucha.** Nos encanta contar nuestras historias y que nos presten atención porque significa que se interesan de forma genuina por nosotros.
- **Corrección de información.** Todos somos un poco sabiondos y nos gusta corregir cuando sabemos algo que no es del todo cierto.
- **Defensa de nuestra postura.** Si algo te importa o crees que tienes razón, no vas a dejar que nadie ponga en duda lo que piensas.
- **Modestia.** Todos tendemos a rechazar el halago de forma instintiva, y eso nos lleva a revelar detalles adicionales sin querer. El impulso de parecer humildes nos hace hablar más de la cuenta.
- **Necesidad de reconocimiento.** Nos gusta que confirmen que hemos hecho un gran trabajo o que sabemos algo que los demás no saben.

Veamos cuáles son las técnicas OININ y cómo usan cada uno de estos factores para lograr sacar información:

### Declaraciones provocativas

Consiste en hacer una declaración controvertida, una *unpopular opinion* que le llaman ahora, que provoque una reacción en la otra persona. Por ejemplo, puedes decir algo como «no sé qué le ven a esa película, yo la encontré bastante aburrida». Si sabes que a tu interlocutor le gusta esa película, lo más probable es que te salte al cuello para defenderla, y ahí está la clave: al intentar corregir tu comentario, te va a dar más información de la que pensaba. Este tipo de declaraciones suelen funcionar bien cuando se aplican a temas generales —series, comida, redes sociales, modas—, y puedes incluso encadenar varias de forma progresiva para aumentar el efecto. Por ejemplo, tras decir lo de la película, puedes añadir algo como «los actores están completamente desentonados». En ese momento, el fan de la película se sentirá obligado a defenderla a capa y espada. Cabe tener en cuenta que las declaraciones provocativas no siempre son en negativo, por ejemplo, podrías alabar la forma de actuar del elenco de la película, a sabiendas de que todos los críticos de cine los están dejando verdes. Si te encanta ser abogado del diablo, ya dominas esta técnica.

**Factores humanos involucrados:** corrección de información / defensa de nuestra postura

### Altruismo informativo

¿Has tenido alguna vez esa sensación incómoda, cuando alguien te hace un favor, de que tienes que devolverlo? La tendencia humana de sentirnos obligados a corresponder cuando nos ayudan se puede usar en nuestro beneficio. Puedes compartir un problema personal y, lo más probable, es que tu interlocutor sienta que también tiene que abrirse. Tenlo en cuenta para que no te pille en un renuncio; si alguien te explica algo delicado, tu cerebro siente la necesidad de devolver el gesto, ¡así que ojo si no te apetece contar de más!

**Factor humano involucrado:** necesidad de escucha

### Halago

A todos nos encanta un buen cumplido, aunque digamos lo contrario. La jugada con esta técnica no está tanto en piropear a alguien para metérnoslo en el bolsillo, sino en hacerle minimizar el halago, lo que hará que se abra más. Si le dices a alguien «oye, tu camisa me flipa, es muy original», lo más probable es que esa persona no te responda solo con un «gracias» y que su respuesta sea algo como «ah, me la regaló mi chica, no la escogí yo, pero bueno...». En ese momento, ya te ha soltado más información de la que pensaba.

**Factor humano involucrado:** modestia

### Provocar quejas

¿Alguna vez has notado que cuando alguien empieza a quejarse, se le va la lengua? La queja es liberadora. A veces, hacer una declaración provocativa funciona. Por ejemplo, si estás con alguien y comentas «¿Sabías que en este barrio no hay ni un sitio decente para comer?», es probable que esa persona empiece a desahogarse sobre restaurantes o lugares que le disgustan.

**Factores humanos involucrados:** necesidad de escucha / defensa de nuestra postura

### Citas textuales

Las citas son la herramienta perfecta para introducir una conversación sin parecer que estás tratando de sacar algo de la otra persona. Mencionas algo que escuchaste, leíste o incluso una anécdota de un conocido. Algo como «escuché en el pódcast de X que las mejores estrategias para...», y luego te dejas llevar por la conversación. De inmediato, la persona estará tentada de corregir o añadir información adicional, como «en realidad, no es verdad que estas sean las mejores estrategias porque...».

**Factores humanos involucrados:** corrección de información / defensa de nuestra postura

### Reflexión verbal

Cuando alguien menciona lo que hace, dónde trabaja, dónde vive o casi cualquier otro dato personal, tenemos una oportunidad de oro para que nos cuente aún más detalles. Por ejemplo, si alguien dice «trabajo en *marketing* digital en una agencia», podrías responder «*marketing* digital, ¿eh? Suena interesante...». Casi seguro que después de esto la otra persona profundizará un poco más en cómo es su día a día en la agencia o en cuáles son sus funciones. Sin embargo, usar demasiado esta técnica puede hacer que la conversación resulte incómoda.

**Factores humanos involucrados:** necesidad de escucha / necesidad de reconocimiento

### Ingenuidad

¿Quién no ha disfrutado dando una lección a alguien sobre algo en lo que es experto? Usar la ingenuidad en este contexto es como hacerle un favor a alguien para que se sienta superior. Si afirmas que no sabes nada sobre un tema y demuestras un interés genuino, vas a ver cómo la persona que lo domina no puede resistirse a compartir su sabiduría. Por ejemplo, si alguien está hablando de deportes, puedes decir algo como «no entiendo nada de fútbol, ¿me puedes explicar cómo funciona lo del fuera de juego?». Y *voilà*, de repente, te están dando una clase completa técnico-táctica.

**Factor humano involucrado:** necesidad de reconocimiento

## Crítica

Cuando se critica, tu interlocutor puede sentirse obligado a proporcionar información en defensa de la situación. En lugar de lanzar una opinión controvertida al aire, se trata de hacer un comentario que implique indirectamente a tu interlocutor o a algo en lo que ha participado. La crítica debe ser indirecta, por ejemplo, «no sé, la estrategia que están usando en esa campaña no me convence mucho». Si la persona con la que hablas ha formado parte de la campaña, sentirá el impulso de defenderse o, mejor aún, te aclarará por qué se ha actuado de esta forma o quién tomó la decisión. Sin embargo, la crítica no debe ser frontal ni demasiado agresiva, puedes suavizarla mencionando que es algo que escuchaste o que otra persona también opina igual.

**Factores humanos involucrados:** defensa de nuestra postura / corrección de información

## Uso de rangos (*Bracketing*)

Aquí el truco es simple: en vez de dar una cifra exacta, suelta un rango amplio y vago. Por ejemplo, en vez de preguntar «¿Cuántos años tiene tu hijo?», señala algo como «debe de tener entre cinco y siete años». La imprecisión pica y, sin darse cuenta, tu interlocutor te terminará dando la cifra exacta. Porque sí, nos encanta corregir y dejar las cosas claras.

**Factores humanos involucrados:** Corrección de información

### INCREDULIDAD (*DISBELIEF*)

Cuando alguien te cuenta algo y tú respondes con incredulidad, la otra persona se siente casi obligada a convencerte de que lo que dice es cierto. Si exclamas, sorprendido, «no puede ser, ¿de verdad te pasó eso?», verás que tu interlocutor se deshará en detalles para demostrar que lo que está contando es verídico.

**Factores humanos involucrados:** defensa de nuestra postura / corrección de información

Imagino que leyendo sobre estas técnicas te has dado cuenta de que alguna vez las han usado contigo y, a lo mejor, tú también las has usado con alguien, quizás de forma intuitiva, sin saber qué teclas estabas tocando. Si tienes presentes cuáles son las necesidades universales, aquellas que todos tenemos y que no podemos evitar, muy relacionadas con nuestro ego y necesidad de reconocimiento, te convertirás en un maestro de la obtención indetectable de información. Pocas cosas más efectivas que darle a tu interlocutor lo que necesita para lucirse y ofrecérselo de manera sutil. Y si alguna vez algo no sale como esperabas, tranquilo, a veces, el arte de leer a las personas también es saber cuándo hay que cambiar de estrategia.

Lo que ocurrió aquella noche en la que Juan tuvo un mal pensamiento no fue fruto del azar ni de la suerte. Fue el resultado de aplicar técnicas de escucha activa, adaptadas a una situación extrema. Nada de fórmulas mágicas. Solo saber leer bien al otro, entender lo que necesita y usar cada palabra con intención.

La primero, lo clave, fue la escucha silenciosa. No forzar la conversación, no disparar preguntas una tras otra. Juan estaba cerrado, no quería hablar con nadie. Así que opté por lo contrario a lo que muchos hacen y quedé callado, estuve ahí sin invadir. Ese silencio, lejos de ser incómodo, se convirtió en un espacio necesario para que pudiera procesar sus pensamientos sin sentirse presionado.

Después utilicé el reflejo emocional, la técnica que consiste en ponerte delante del espejo, pero sin juicio. Cuando solté aquel «vaya noche de mierda, ¿eh?», no fue un chascarrillo. Era una forma de conectar, de ponerle palabras a lo que mis ojos ya veían: que Juan estaba fatal. No lo minimicé, no lo analicé. Solo describí lo evidente, y en esa frase tan sencilla, se coló un poco de empatía.

Cuando él respondió con un «dejadme en paz» y yo le pedí que me hiciera un favor, toqué otra necesidad humana básica: la de sentirse útil, válido. Y ese favor era algo tan simple como que me diera su nombre. Nada de interrogarle. Le estaba pidiendo algo pequeño pero significativo. Y al proporcionármelo, establecimos el primer hilo de conexión.

Después vino una pregunta delicada. Es cierto que, en situaciones así, las preguntas directas suelen ser un terreno pantanoso. Pero hay momentos en los que necesitas resultados. Y, de todas las posibles, busqué una que no sonara a juicio: «¿Qué te ha frenado hasta ahora?». No buscaba una explicación. Buscaba abrirle un espacio de reflexión, hacerle mirar hacia dentro, pero sin que se sintiera interrogado. Y funcionó.

Cuando mencionó a su hija, apareció el anclaje emocional. El dato de su edad —ocho años— me sirvió para construir una frase cargada de intención, aunque sonaba casual «a esa edad, lo absorben todo». No hacía falta más. Él solo hizo el resto, yo creé el contexto para que se escuchara.

Y luego, otra herramienta esencial: la pausa estratégica. No todo requiere una respuesta inmediata. A veces, el silencio después de una frase bien lanzada hace más que cualquier discurso. Ese vacío le permitió pensar. Y a mí, observar cómo su cuerpo empezaba a aflojar. Las manos, la mirada... todo decía que algo dentro de él estaba cambiando. Cuando lancé el «¿qué aprendería de ti si estuviera aquí?», no era una pregunta cualquiera. Fue una declaración provocativa, casi una sacudida. No había forma de responderla sin pensar. Y eso fue justo lo que hizo, buscó dentro de sí una respuesta que le cuadrara. Y al no encontrarla, el silencio se hizo aún más elocuente.

Finalmente, usé una fórmula que suelo reservar para momentos muy concretos, «lo que estás a punto de hacer es tan importante que no tienes por qué hacerlo ahora». No le estaba diciendo cómo actuar, solo le recordaba que tenía poder de decisión. Que podía parar. Que no había prisa. Le ofrecí una alternativa sin presión que, en ese momento, fue clave.

Todas estas técnicas, bien medidas y adaptadas a las circunstancias, no solo sirvieron para que Juan se sintiera comprendido. También fueron útiles para obtener información crítica de forma natural, sin forzar. Pero, sobre todo, jugaron a su favor. Permitieron que se viera desde otro lugar, uno más sereno y compasivo, y que, finalmente, eligiera bajarse del puente.

## Resumiendo, que es gerundio

- La escucha activa no es solo callar, es estar presente, sin distracciones, y poner atención a lo que dice el otro, no solo a lo que piensas responder.
- El *rapport* es la conexión que se crea cuando escuchas de verdad. Si no escuchas, perderás la oportunidad de generar esa conexión y todo se vendrá abajo.
- Las neuronas espejo son responsables de que «sientas» lo que los demás sienten solo con ver su expresión o gestos. Se activan sin que lo decidas y te permiten conectar, generar empatía con los demás.
- El preperfilado es un proceso que consiste en reunir información previa sobre alguien, te da ventaja en la interacción. Úsalo de forma estratégica y con naturalidad.
- Principios básicos para obtener información: 1) La conversación debe parecer natural, no una entrevista. 2) Lanza comentarios, no preguntas. 3) Cuanto más cómoda esté la persona, más fluida será la información. 4) Cuanto más comprometida sea la información, menos preguntas debes hacer.
- Piensa en las necesidades de la otra persona y aplica la técnica OININ para obtener información de forma indetectable.

# 3
# LAS 10 CLAVES PARA QUE LEAS CON ÉXITO EL LENGUAJE NO VERBAL

> La gente dice más con su cuerpo que con su boca; el secreto está en aprender a escuchar con los ojos.
>
> Juan Manuel García López (yo)

Este no es un capítulo como los demás. En estas páginas hay, probablemente, la información más útil de este libro, sin la cual no puedes seguir avanzando. Has aprendido a preperfilar y a escuchar, así que ha llegado el momento de aprender a leer el lenguaje no verbal. Sin embargo, es importante que antes de lanzarte de cabeza a interpretar gestos, tengas ciertas precauciones y nociones previas. Te recomiendo que pongas un pósit en esta página porque vas a tener que volver a menudo a ella. Las **10 claves** que comparto aquí contigo, imprescindibles para leer señales sin caer en equívocos, están inspiradas en los 10 mandamientos de Joe Navarro. Si no has leído su libro, *El cuerpo habla*, te recomiendo encarecidamente que lo hagas.

**El lenguaje reactivo. ¿En qué me debo fijar?**

Cada vez que alguien recibe una sorpresa, una mala noticia o un elogio inesperado, su cuerpo responde antes incluso de que sea consciente de ello. Es una cuestión biológica, nuestras respuestas físicas más sinceras son automáticas. Y aquí está el truco: esas respuestas no se construyen ni se ensayan. No son lo que la persona quiere mostrar, sino lo que el cuerpo deja escapar. Por eso es importante diferenciar:

- **Comunicación no verbal.** Engloba todo lo que comunicas sin palabras hacia otra persona. Necesariamente implica la presencia de al menos dos interlocutores, ya que la comunicación fluye en dirección hacia alguien que escucha o hacia quien deseamos que escuche. Aquí se incluyen los gestos conscientes —como cuando usas las manos para explicar que tu colega mide dos metros—, los emblemas (gestos con significado cultural como levantar el pulgar para decir «*okey*»), la proxemia (cómo usas el espacio), la apariencia, el tono de voz, la postura, entre otros elementos. Esta categoría reúne acciones voluntarias o semiconscientes que dirigen un mensaje específico hacia otro interlocutor.

- **Lenguaje corporal.** Aquí es donde empieza la fiesta de verdad. El lenguaje corporal no necesita la presencia de una segunda persona, ya que no surge de la intención consciente de comunicar, sino que está formado por reacciones fisiológicas automáticas frente a un estímulo. Es la aplicación del principio de acción-reacción (que te voy a desgranar a fondo más adelante, en la clave 1, página 119). Es decir, no me importa tanto qué gestos hace una persona de manera consciente o intencionada, sino cómo cambia su cuerpo al recibir un estímulo, que puede ser una pregunta incómoda, una contraoferta, una mirada... Eso sí que es oro puro.

Tal y como confirma el neurocientífico Michael Gazzaniga en su libro *¿Qué nos hace humanos?*, aunque la comunicación no verbal es un campo enorme y muy útil, el lenguaje corporal reactivo es el que de verdad nos da información fiable porque conecta directamente con el sistema 1 rápido y automático del que hablábamos en la página 40. Cuando el cerebro emocional manda, el cuerpo obedece. Por eso, la comunicación no verbal controlada —como los gestos intencionados— es mucho más fácil de manipular que las reacciones corporales automáticas.

### ¡Cuidado con esto!

En los siguientes apartados vamos a hablar tanto de lenguaje corporal como de gestos y posturas que pueden ser más conscientes y no tan reactivos. En la medida de lo posible, siempre debemos tener en cuenta las 10 claves que comparto contigo a continuación. Además, siempre van a tener más valor esos gestos o posturas «automáticos» que los que pueden ensayarse. Grábate a fuego esta gradación: **automático-semiconsciente-consciente.**

Y ahora sí, aquí van las 10 claves para leer el lenguaje no verbal que tendrás que interiorizar si quieres convertirte en un Sherlock de las emociones...

# CLAVE 1
# APLICA EL PRINCIPIO DE ACCIÓN-REACCIÓN

A la hora de analizar el comportamiento, uno de los mayores errores que puedes cometer es interpretar gestos de forma aislada. El clásico «se cruza de brazos, por lo tanto, está a la defensiva» es una simplificación tan burda que puede llevarte a conclusiones falsas. El comportamiento humano es dinámico, no estático. Y precisamente por eso, la mejor forma de analizarlo es leerlo bajo la lupa del principio de acción-reacción.

Aquí conviene introducir un matiz importante: no es lo mismo una reacción que una respuesta. Cuando hablamos de reacción, nos referimos a una manifestación automática, instintiva, no procesada de forma consciente. Es el lenguaje del cuerpo, los microgestos, los cambios súbitos en la expresión o en la postura. En cambio, una respuesta implica cierto grado de procesamiento cognitivo: la persona ha tenido tiempo de pensar, de elaborar una conducta, y lo que expresa ya está filtrado por su conciencia.

Cada acción, ya sea verbal o no verbal, genera una **reacción** o **respuesta** en la otra persona. Y es ese cambio, sobre todo cuando es inmediato, el que nos ofrece verdadera información sobre su estado emocional, sus pensamientos o sus intenciones. En vez de limitarnos a observar gestos sueltos, debemos fijarnos en los que suceden inmediatamente después de un estímulo. ¿Qué ocurre cuando lanzamos una pregunta, una afirmación o un comentario que parece casual? Si se produce un cambio súbito y no verbal (una reacción), es en este en el que debemos centrar nuestra atención.

Pongamos un ejemplo cotidiano. Imagínate que estás hablando con alguien y, en un momento dado, decides hacerle un cumplido «por cierto, me gustó mucho tu intervención en la reunión del otro día. Se notaba que habías trabajado el enfoque». Desde el momento en que pronuncias esa frase, su reacción inmediata se convierte en un material de enorme valor. Si la persona sonríe de manera genuina y mantiene el contacto visual, probablemente esté experimentando una emoción positiva. Puede que se sienta halagada, cómoda o agradecida. Ahora bien, si por el contrario observas que se aleja ligeramente, desvía la mirada, cruza los brazos o muestra microgestos de tensión, es probable que sienta incomodidad, escepticismo o incluso rechazo. Lo importante no es que esos gestos aparezcan porque sí, sino que se produzcan como reacción inmediata a tu acción, en este caso, el cumplido. La relación entre estímulo y reacción es lo que le da sentido a la interpretación.

Sin este enfoque es fácil que caigamos en interpretaciones erróneas. Siguiendo con el ejemplo anterior, si esa persona hubiera estado todo el rato mirando alrededor desde antes de tu cumplido —quizá porque está esperando a alguien o simplemente porque es inquieta por naturaleza—, entonces su comportamiento no sería una reacción a tu comentario. Analizarlo como una respuesta sería, por lo tanto, un error. Por eso, debemos entender que no todo lo que vemos es **interpretable** en todo momento. Hay ocasiones en las que el «grifo» del lenguaje corporal está cerrado y no obtenemos reacciones significativas, por mucho que hablemos o interactuemos. En mi experiencia trabajando en la UCO, he vivido interrogatorios que duraban más de una hora sin que el sospechoso emitiera ni un solo gesto fiable que mereciera ser interpretado. Y no por falta de técnica, sino porque, simplemente, no siempre hay estímulos que generen reacciones detectables.

**Preguntas clave**

- ¿Lo que observo es una reacción o se lleva produciendo todo el rato?
- ¿Qué acción ha provocado la reacción?

# CLAVE 2
# ELABORA EL *BASELINE* O LÍNEA BASE

La línea base es el patrón natural de comportamiento de una persona cuando se encuentra en un estado neutro: relajada, cómoda, sin presión, sin necesidad de mentir ni de aparentar. Cada individuo tiene su propio *baseline*, que puede variar enormemente de una persona a otra. Hay individuos muy expansivos, que no paran de moverse, que gesticulan de manera amplia y exagerada incluso cuando no están bajo ningún tipo de tensión. Un ejemplo claro sería Javier Milei (actual presidente de Argentina), cuyas expresiones corporales y verbales suelen ser intensas, aunque esté hablando de algo que no le genera conflicto. Otros, en cambio, son más contenidos, reservados en sus gestos, incluso parcos en su expresión corporal, sin que eso signifique necesariamente que estén incómodos o mintiendo. Angela Merkel (excanciller de Alemania) era conocida por su comunicación no verbal extremadamente controlada: posturas cerradas, movimientos mínimos, rostro impasible. Ese era su *baseline.*

Por eso, antes de lanzarte a interpretar cualquier gesto, es fundamental que primero observes cómo es esa persona en condiciones normales. Si no conoces cuál es su *baseline*, corres el riesgo de interpretar un comportamiento que es natural como una señal de estrés, nerviosismo o engaño. Y al revés, podrías pasar por alto cambios importantes porque asumes que su forma de actuar es siempre la misma.

Me acuerdo a la perfección de la primera vez que fui a un barbero que me había recomendado un amigo. Al llegar, el trato fue correcto y educado, una conversación sencilla, pocas palabras, un ritmo tranquilo en los movimientos. Me pareció que era una persona más bien seria, de esas que hacen su trabajo con profesionalidad y sin grandes aspavientos. Nada fuera de lo normal, o eso pensé. Un mes después, volví a la barbería y mi sorpresa fue enorme: era como si me estuviera atendiendo otra persona completamente diferente. En cuanto entré, el barbero me saludó con una gran sonrisa y me dio una palmada en la espalda, se movía de un lado a otro con energía, hacía bromas continuamente y no paraba de hablar mientras me cortaba el pelo. Sorprendido por el cambio, en un momento de la conversación me confesó «disculpa por cómo estuve la primera vez que viniste... Acababa de firmar los papeles del divorcio y estaba de bajona. Ese día no era yo». Ahí me cuadró todo. Comprendí que su *baseline* real era esa actitud expansiva, bromista y enérgica. Su normalidad no era la contención que yo había visto en un primer momento, sino el movimiento, la conversación constante y el entusiasmo. Lo que me había parecido una personalidad reservada era, en realidad, un estado emocional excepcional, condicionado por una situación personal muy dura. Había cometido el error de asumir que lo que había visto en nuestro primer encuentro era su forma habitual de comportarse, cuando en realidad estaba muy lejos de ser así.

Este ejemplo demuestra por qué es tan importante establecer primero cuál es la línea base de la persona que tienes delante. Si conoces cómo se comporta normalmente en un estado relajado, cualquier desviación significativa respecto a ese patrón —ya sea un aumento de la gesticulación, un descenso brusco de la expresividad, o cambios en su tono de voz o en su postura— puede convertirse en una pista valiosa. No porque ese cambio signifique algo de forma automática, sino porque te obliga a hacerte la pregunta correcta: ¿qué ha provocado esta alteración?

**Preguntas clave**

- ¿Cómo es una situación «neutral»?
- ¿Tiene gestos propios, algo que llame la atención, en su comunicación habitual?

# CLAVE 3
# ANALIZA EL ENTORNO, LOS MODIFICADORES Y LOS DISTRACTORES

En una de mis formaciones les puse a los alumnos el vídeo de un interrogatorio. El sospechoso, cuando se le preguntaba, se cruzaba de brazos y se encogía en su silla. Muchos saltaron enseguida: «Está a la defensiva, oculta algo». Detuve el vídeo y les pregunté: «¿Alguien ha mirado la temperatura que marca el termostato?». Estaba a 17 grados. El tipo no se estaba protegiendo de las preguntas, se estaba protegiendo del frío, un modificador que puede alterar por completo el lenguaje corporal.

Puede ocurrir lo mismo cuando una persona sostiene un café caliente en la mano, y parece que apenas gesticula. O cuando juega distraídamente con una cucharilla mientras habla. No tiene por qué ser nerviosismo ni evasión, a veces es simplemente que tiene las manos ocupadas.

Incluso gestos como tocarse la nariz pueden estar condicionados por factores externos. Durante una sesión, una de las alumnas se frotaba la nariz cada dos por tres mientras le hacían preguntas delicadas. Podría parecer un signo de incomodidad, pero cuando hablé con ella en el descanso, me explicó que tenía rinitis alérgica crónica. Nada que ver con el estrés o el engaño.

Por eso, antes de lanzarte a interpretar un comportamiento, abre bien los ojos al entorno. Piensa si hay algo en el ambiente que esté modificando el comportamiento de forma mecánica —debido a la temperatura, el ruido, las distracciones visuales— y no emocional. Si no lo haces, corres el riesgo de ver problemas donde no los hay... o de perder señales valiosas ocultas entre el ruido.

**Preguntas clave**

- ¿Este gesto se puede explicar por otra causa externa?
- ¿Qué particularidades hay en el entorno que puedan operar de distractores?

# CLAVE 4
# TEN EN CUENTA EL CONTEXTO

El contexto es el escenario que da sentido a todo lo que observas. Si no entiendes bien dónde estás, qué está pasando y cómo debería comportarse una persona en esa situación, es imposible que hagas una buena lectura del lenguaje no verbal. Por ejemplo, es normal que alguien esté nervioso durante una entrevista de trabajo. De hecho, sería raro que no mostrara cierta tensión: manos frías, movimientos contenidos, miradas nerviosas. Si interpretáramos esos signos como si estuviéramos en una charla entre amigos, caeríamos en un error básico. El contexto marca la línea de lo esperable.

No es lo mismo observar a un testigo que declara voluntariamente que a un sospechoso detenido. Recuerdo una vez, en un caso de desaparición, que una persona empezó a gesticular de forma exagerada mientras contaba lo que había visto. Un observador inexperto podría haber pensado «está mintiendo, se mueve demasiado». Pero el contexto era una rueda de prensa improvisada, con *flashes*, cámaras y decenas de personas observándolo. En ese escenario, un exceso de gestos no era sospechoso, era simplemente nerviosismo por estar en el punto de mira.

También debes recordar que el mismo gesto puede significar cosas distintas según el contexto. Un simple ladear de cabeza puede ser una muestra de interés si estás flirteando en un bar, pero en una sala de interrogatorios puede indicar duda o desconcierto ante una pregunta inesperada. Por eso, es importante que hagas una doble lectura.

**Preguntas clave**

- ¿Qué situación estamos viviendo?
- ¿Qué sería lo normal en este escenario?

# CLAVE 5
# DETECTA INDICIOS MÚLTIPLES

Un solo gesto no basta. Un brazo cruzado, una mirada desviada, un suspiro... Aislados, no significan mucho (a no ser que veas clarísimo que ha habido una reacción). El verdadero valor aparece cuando ves patrones: varios gestos, señales que, juntas, apuntan en la misma dirección.

Recuerdo una entrevista a un sospechoso relacionado en un robo con violencia. Mientras hablábamos de su coartada, noté que cruzaba los brazos. ¿Estaba cerrado a la conversación? ¿Se sentía a la defensiva? ¿Mentía? Podría ser... o podría simplemente tener frío o buscar una postura cómoda. No me quedé ahí. Observé más. A medida que las preguntas se centraban en las horas del robo, además de cruzar los brazos, empezó a fruncir el ceño de forma sostenida, a desviar la mirada hacia abajo y a responder cada vez con frases más cortas y tensas. La rigidez de su postura aumentaba, como si su cuerpo entero se replegara. Esos múltiples indicios, sumados y analizados en conjunto, empezaron a construir una imagen muy diferente. Ya no era solo que cruzara los brazos, todo su lenguaje corporal estaba marcando una incomodidad creciente justo cuando hablábamos del momento crítico. Si me hubiera dejado llevar solo por el gesto inicial, habría corrido el riesgo de malinterpretarlo. Pero al observar el conjunto, la imagen era clara: algo en ese punto de la historia le generaba un nivel de estrés mucho mayor que el resto. ¿Y qué era lo que lo alteraba tanto? Que en esa franja horaria no estaba donde decía, sino cerca del lugar del robo... acompañado de alguien a quien no quería involucrar, su hermano menor. No mentía solo para cubrirse a sí mismo, sino para proteger a otro. Y ese conflicto, más emocional que racional, fue el verdadero disparador de su tensión.

Otro ejemplo más sencillo: si alguien se rasca la cabeza mientras responde a una pregunta, eso por sí solo podría ser una costumbre o un gesto trivial. Pero si a la vez desvía la mirada, se encoge ligeramente de hombros y su voz titubea, entonces el patrón completo sugiere inseguridad o duda real.

Busca patrones coherentes y no te centres tanto en gestos aislados. Porque en comunicación no verbal, una golondrina sola no hace verano. Pero cuando ves varias volando en la misma dirección, ya puedes empezar a hablar de una estación.

**Preguntas clave**

- ¿Qué conjunto de gestos se repite?
- ¿Qué coherencia tienen entre sí?
- ¿Refuerzan todos la misma hipótesis?

# CLAVE 6
# IDENTIFICA ALTERACIONES BRUSCAS

En la lectura de la comunicación no verbal, lo que más pesa no es la imagen fija, sino el cambio repentino. Cuando una persona altera de golpe su comportamiento habitual —su postura, su tono muscular, sus gestos automáticos—, suele ser señal de que algo ha impactado en su mundo emocional. Estos cambios bruscos son como un golpe de tambor en mitad de una melodía: no puedes ignorarlos. Marcan momentos de tensión, sorpresa, incomodidad o entusiasmo, dependiendo del contexto.

En nuestro día a día lo vemos de forma habitual. Cuando estás viendo un partido de fútbol en un bar y todo va bien la gente ríe, bebe cerveza, comenta las jugadas. Pero cuando, de repente, en la pantalla, el árbitro pita un penalti en contra del equipo local, el ambiente cambia en un segundo: la conversación se interrumpe, algunos se levantan bruscamente, otros gesticulan con enfado o se llevan las manos a la cabeza. Esa alteración súbita del clima emocional es exactamente lo que buscamos cuando analizamos el lenguaje corporal.

Otro ejemplo: durante una negociación, una persona puede estar mostrándose tranquila, abierta, aparentemente flexible. Pero si justo al plantearle una condición crítica —un precio más bajo, un cambio en el acuerdo— ves que se echa hacia delante, aprieta las manos o cambia la expresión facial en una fracción de segundo, presta atención. Ese cambio es un reflejo emocional. Algo de lo que has dicho ha impactado directamente en su sistema 1, antes incluso de que pueda racionalizarlo.

**Preguntas clave**

- ¿Cuándo altera su postura?
- ¿Qué gesto automático desaparece o surge de pronto?
- ¿En qué momento su energía sube o baja bruscamente?

# CLAVE 7
# EMPLEA EL SENTIDO COMÚN

Cuando observas el comportamiento de alguien, es muy fácil caer en la trampa de ver solo lo que quieres ver. Si piensas que un testigo miente, de repente, todo gesto de nerviosismo lo interpretarás como señal de engaño. Si quieres que un sospechoso esté colaborando, te agarrarás a cualquier sonrisa o gesto amistoso como una prueba de su buena voluntad, aunque el resto de su cuerpo te esté diciendo lo contrario. Por eso, el sentido común es tu mejor herramienta defensiva contra el sesgo de confirmación.

La clave aquí no es desconfiar de todo lo que ves, sino mantener siempre abierta la puerta a otras posibilidades. Un buen analista no es el que más rápido interpreta, sino el que sabe esperar, confirmar y, solo después, concluir. Recuerda que el objetivo no es tener razón. El objetivo es entender lo que realmente está pasando. Por lo tanto, a menudo es muy útil pedir una segunda opinión para validar si tu interpretación está alineada con la de una tercera persona.

**Preguntas clave**

- ¿Tiene sentido esta interpretación en este contexto?
- ¿Estoy valorando todos los gestos o solo los que me convienen?
- ¿Qué otras explicaciones podría tener este comportamiento?
- ¿Estoy dejando que mis expectativas me cieguen?

# CLAVE 8
# VALORA LAS REACCIONES DE TERCERAS PERSONAS

Cuando estás observando a alguien no te limites a concentrarte solo en esa persona. En muchas ocasiones, los acompañantes o las personas a su alrededor pueden ofrecer información valiosa sin darse cuenta. Sus reacciones no verbales pueden ser pistas clave que complementen o, incluso, contradigan lo que está sucediendo.

Estoy convencido de que lo has visto antes. Estás en una reunión de trabajo y uno de los miembros del equipo está exponiendo su propuesta con gran entusiasmo, pero, al mirar a los demás, te das cuenta de que algunos están mirando al suelo, otros cruzan los brazos y varios evitan el contacto visual. Es probable que estos gestos no estén relacionados con el proyecto en sí, sino con una falta de confianza en lo que se está diciendo o una sensación de desacuerdo. No hace falta que digan nada; sus cuerpos ya te lo han dicho. O tal vez lo has presenciado en un grupo de amigos. Estáis cenando y te das cuenta de que cuando tu colega empieza a contar una historia, la gente a su alrededor parece incómoda. Los gestos de los demás comensales demuestran que hay algo que no se está contando, algo que no se está expresando de forma abierta. En estos casos, aunque el contenido de sus palabras puede ser interesante, lo primordial será darse cuenta de la dinámica que desencadenan en el grupo.

**Preguntas clave:**

- ¿Qué expresiones o posturas muestran los demás mientras habla esta persona?
- ¿Sus gestos coinciden con el tono del mensaje o lo contradicen?

# CLAVE 9
# NO JUZGUES, COMPRENDE

Aunque es fácil caer en la tentación de hacer juicios rápidos sobre lo que vemos, los gestos y las posturas no siempre cuentan toda la historia. Detrás de cada gesto, puede haber una razón mucho más profunda y compleja de lo que parece a simple vista.

Por ejemplo, si estás conversando con alguien y notas que parece distante, con los brazos cruzados o mirando hacia otro lado, tu primer impulso puede ser pensar que está desinteresado o molesto. Sin embargo, podrías estar perdiendo de vista algo más importante, puede que esa persona esté distraída por un problema personal o por una preocupación en su vida que no tiene nada que ver con la conversación. Esa postura no siempre refleja desdén; a veces es simplemente una forma de lidiar con pensamientos propios.

Es fundamental no hacer interpretaciones demasiado rápidas ni basadas solo en lo que te dice tu intuición.

La comunicación no verbal es un reflejo de las emociones, y las emociones son a menudo muy complejas. De hecho, un gesto puede ser el resultado de una mezcla de sentimientos, desde nerviosismo hasta tristeza o inseguridad. En lugar de asumir lo peor, busca siempre comprender el contexto emocional detrás de los gestos.

**Preguntas clave**

- ¿Estoy interpretando desde la empatía o desde el prejuicio?
- ¿Qué contexto emocional puede estar influyendo en su comportamiento?
- ¿Qué necesito averiguar antes de sacar conclusiones?

# CLAVE 10
# DETECTA COMPORTAMIENTOS UNIVERSALES

Algunas expresiones no verbales como fruncir el ceño, sonreír o encoger los hombros son universales y se asocian a emociones básicas como alegría, tristeza o sorpresa. Estos gestos trascienden las diferencias culturales, lo que te permite captar emociones sin necesidad de profundizar en contextos específicos.

En el siguiente capítulo, en la página 149, exploraremos cómo se manifiestan estas señales.

**Preguntas clave**

- ¿Lo que veo se enmarca dentro de una de las 7 emociones básicas?
- ¿Qué zonas del rostro están implicadas en la emoción que observo?
- Si sospecho de una microexpresión, ¿en qué momento la he observado?

## Resumiendo, que es gerundio

Clave 1
Aplica el principio de acción-reacción

Clave 2
Elabora el *baseline* o línea base

Clave 3
Analiza el entorno, los modificadores y los distractores

Clave 4
Ten en cuenta el contexto

Clave 5
Detecta indicios múltiples

Clave 6
Identifica alteraciones bruscas

Clave 7
Emplea el sentido común

Clave 8
Valora las reacciones de terceras personas

Clave 9
No juzgues, comprende

Clave 10
Detecta comportamientos universales

# 4
# MUÉSTRAME TU ROSTRO, MUÉSTRAME TUS EMOCIONES

> El rostro humano es el escenario donde se representan todas las emociones.
>
> PAUL EKMAN

El sospechoso que tenía delante se llamaba Raúl. Cuarenta y tantos, de complexión fuerte, camiseta negra. Nos sentamos en la sala de entrevistas. Ni ventanas ni reloj a la vista. Solo Raúl, yo y el sonido del aire acondicionado zumbando al fondo.

—¿Sabes por qué estás aquí, Raúl? —le pregunté, dejando que el silencio pesara un poco.

Parpadeó rápido, como si estuviera reiniciando el cerebro. Luego me miró muy fijo, demasiado.

—Ni idea.

Vale. Hasta ahí, guion típico. Pero antes de seguir

con el interrogatorio, hice lo de siempre: construir su *baseline*. Es decir, observé su lenguaje corporal mientras hablaba de cosas que no le comprometieran. Así que nos pusimos a charlar de tonterías. Que si el Madrid, que si la moto que tenía... cosas normales. Y ahí, más o menos, era un tío suelto. Sonreía de medio lado, su postura era relajada, los ojos le brillaban parejos. Nada raro.

Hasta que, de pronto, cuando saqué el tema de Laura M., pasó algo. Durante una milésima de segundo, juraría que uno de sus ojos —el izquierdo— se le achicó. Como si se le contrajera el párpado. O igual era cosa mía, ¿eh? Quizá el tipo siempre había tenido un ojo más pequeño que el otro y yo no me había dado cuenta. Seguimos hablando y, cuando volví a un tema neutro, la asimetría desapareció. Los ojos volvían a estar parejos. Vale. Algo había pasado. Le lancé otra pregunta:

—¿Conoces a Laura M.?

Ni pestañeó. Se limitó a alzar una ceja, la derecha. Un gesto tan rápido que habría hecho falta cámara lenta para pillarlo. Sonrió. Pero esa sonrisa... la boca sí, sonreía. Los ojos, nada de nada. Quietos, vacíos. Como si le hubieran desconectado las emociones por dentro.

Mientras soltaba su «me suena» y se encogía de hombros, sus manos jugaban con una goma de borrar encima de la mesa. Apretar, retorcer, soltar. Apretar, retorcer, soltar. Como si tuviera un metrónomo interno midiendo la presión.

Seguimos hablando. Y cada vez que tocaba el tema sensible, el lado izquierdo de su cara se le tensaba. Muy sutil, pero estaba ahí: la comisura bajaba, el párpado se apretaba, la respiración se le volvía más torpe. Yo no decía nada. Solo apuntaba en mi cabeza: parpadeos, hemicara, sonrisa falsa, tensión en las manos. El cuerpo hablaba. Y lo mejor era que él ni se daba cuenta.

# DE QUÉ HABLAMOS CUANDO HABLAMOS DE EMOCIONES

Cuando te alegras, sonríes. Cuando te cabreas, frunces el ceño. Y si te da un vuelco el corazón, se te pone cara de susto, como si te hubieran pillado robando jamón en el súper. Estas reacciones no son casuales ni culturales, sino que, como demostró el psicólogo norteamericano Paul Ekman, vienen de serie.

Ekman no era un teórico de despacho, sino un investigador con alma de Indiana Jones que recorrió medio mundo. En 1967, se fue a una tribu remota en Papúa Nueva Guinea, los fore, que vivían completamente aislados del mundo. Quería comprobar si las expresiones faciales asociadas a ciertas emociones eran universales o aprendidas, por lo que se puso a enseñar fotos a los miembros de la tribu y les preguntaba qué creían que estaba sintiendo la persona de la imagen. Y al revés, les contaba una historia —«tu primo se ha muerto» o «has encontrado comida»— y les pedía que interpretaran a través del rostro esa situación. El resultado fue claro: coincidían con lo que hacemos tú y yo, y lo que hace cualquiera en cualquier parte del mundo. Los resultados de este trabajo fueron publicados poco después, en 1971, en el artículo titulado «Universals and Cultural Differences in the Judgments of Facial Expressions of Emotion», que escribió junto con Wallace V. Friesen. Este estudio fue clave para sostener su teoría de que al menos seis emociones —alegría, tristeza, miedo, ira, sorpresa y asco— tienen **expresiones faciales universales**, observables incluso en culturas aisladas que no han tenido contacto con Occidente.

Este descubrimiento fue revolucionario, ya que confirmó que las expresiones emocionales no dependen del entorno cultural ni del aprendizaje social. Son biológicas. Están en nuestro sistema nervioso. Esto se debe a que cada emoción tiene una **función evolutiva**, es decir, no están ahí para decorar, sino para aumentar nuestras posibilidades de sobrevivir. Charles Darwin ya había apuntado esta idea en *La expresión de las emociones en el hombre y los animales* (1872), donde defendía que los gestos emocionales tienen un origen evolutivo común y sirven a funciones adaptativas. Lo que Ekman hizo fue aplicar el método científico moderno a esa intuición darwiniana y demostrar, con datos, que esas expresiones universales existen... incluso en lo más profundo de la selva de Papúa.

Cuando te sorprendes, los ojos se abren más de lo habitual. ¿Por qué? Para aumentar el campo visual y detectar mejor qué ha cambiado en el entorno. Si ves algo inesperado —una serpiente, una flor rara, un dron en mitad del Amazonas—, tu rostro lo refleja antes de que te dé tiempo a procesarlo verbalmente. Y esa reacción sirve como señal para el grupo, algo no encaja, hay que estar alerta. Con el asco, el gesto facial (arruga de nariz, labio superior elevado) sirve para protegernos de lo potencialmente tóxico y, al mismo tiempo, alerta al resto de que algo no debe ser ingerido. Lo mismo ocurre con el miedo, que activa el cuerpo para luchar, huir o paralizarse. Las manos van al cuello, los hombros se contraen, la mirada se fija en el foco del peligro. Todo eso sucede en cuestión de milisegundos, sin que lo decidas.

Ekman identificó **siete emociones básicas** que cumplen con tres criterios: aparecen de forma espontánea, tienen un patrón facial identificable y son reconocibles universalmente. En un principio, solo eran seis —alegría, tristeza, miedo, ira, asco y sorpresa—, pero en la década de 1990 añadió el desprecio, al considerar que también cumplía los requisitos para ser considerada una emoción básica.

- Alegría
- Tristeza
- Miedo
- Ira
- Asco
- Sorpresa
- Desprecio

### ¿Qué pasa con el desprecio? Las críticas a Ekman

El trabajo de Paul Ekman no ha estado exento de críticas. Una de las principales objeciones tiene que ver con la metodología de sus estudios. En su investigación con la tribu fore de Papúa Nueva Guinea, Ekman no utilizó preguntas abiertas, sino que proporcionaba opciones de respuesta. Es decir, los participantes no describían libremente la emoción que veían, sino que tenían que elegir entre varias alternativas. Esto ha llevado a algunos investigadores a cuestionar la universalidad total de sus hallazgos (Russell, 1994; Gendron *et al.*, 2014).

Sin embargo, otros estudios más recientes, como los de Jack, Caldara y Schyns (2012), han replicado y ampliado el trabajo de Ekman usando tecnologías como el seguimiento ocular y el análisis dinámico de expresiones faciales, y han confirmado que ciertas emociones básicas, como la alegría, el miedo y la sorpresa, sí presentan patrones faciales universales.

Ahora bien, la emoción más polémica ha sido el desprecio. A diferencia de otras emociones básicas, su reconocimiento no goza del mismo consenso intercultural. En muchas culturas, este gesto no resulta tan evidente ni automático, y algunos estudios han señalado que puede interpretarse de formas distintas según el contexto. Además, su función evolutiva no está tan clara, el desprecio parece surgir más de juicios morales y dinámicas sociales complejas que de respuestas automáticas de supervivencia, lo que lo aleja de las emociones consideradas «primitivas».

¿Entonces, lo descartamos? No necesariamente. Aunque no haya unanimidad científica, el desprecio sigue siendo un gesto extremadamente poderoso en la interacción humana. Quien lo ha recibido lo sabe: ese leve levantamiento unilateral del labio no necesita palabras. Si aparece, es señal inequívoca de ruptura, de juicio, de rechazo desde un pedestal. David Matsumoto y Hyisung C. Hwang, quienes han estudiado la expresión del desprecio en contextos interculturales, afirman: «El desprecio puede no ser universal, pero cuando se muestra, nadie duda de lo que significa».

**¡Cuidado con esto!**

Aunque el patrón básico de expresión emocional es universal, el contexto cultural determina en gran medida la intensidad, frecuencia y oportunidad de esas expresiones. La emoción en sí no cambia, pero la forma de mostrarla sí. Las culturas más expansivas, como la española o la latina, tienden a expresar las emociones de forma más visible y frecuente, mientras que, en otras, como las nórdicas o asiáticas, esas mismas emociones se muestran de manera más contenida. Por eso, analizar el lenguaje corporal será más fácil cuando compartes el mismo código cultural.

*¿Reacción o predicción?*

Hasta ahora hemos hablado de las emociones como si fueran respuestas automáticas, inscritas en nuestra biología y compartidas por todos los seres humanos. Y en buena parte, eso es cierto. Los estudios de Paul Ekman demostraron que ciertas emociones básicas tienen expresiones faciales universales, independientemente de la cultura o el entorno. Sin embargo, en los últimos años, la neurociencia ha empezado a ofrecer una visión complementaria, y más matizada, de cómo se generan realmente las emociones.

La propuesta más influyente en este sentido es la de la neurocientífica Lisa Feldman Barrett, quien sostiene que las emociones no son reacciones innatas que se activan sin más, sino **construcciones** que el cerebro anticipa y fabrica activamente en función del contexto, las experiencias previas y las creencias personales. Según esta perspectiva, el cerebro funciona como un sistema **predictivo**: no espera a que algo suceda para reaccionar, sino que se adelanta a los acontecimientos y prepara una respuesta, incluida la emocional, en base a lo que estima que va a ocurrir.

Pongamos un ejemplo. Imagina que caminas solo por una calle poco iluminada y oyes pasos detrás de ti. Antes de comprobar quién viene, es probable que sientas un aumento del ritmo cardíaco, tensión muscular o incluso una punzada de ansiedad. No es que haya un peligro objetivo aún, pero tu cerebro, basándose en vivencias anteriores, información cultural y aprendizaje, predice que podrías estar en riesgo y activa una respuesta emocional. No estás reaccionando al presente, sino a una estimación construida por tu cerebro.

Esta hipótesis de las emociones como construcciones ha sido desarrollada en obras como *How Emotions Are Made*, donde Barrett argumenta que lo que sentimos no está determinado únicamente por estímulos externos, sino también por factores internos como el lenguaje, la cultura, los recuerdos o la información fisiológica del cuerpo (lo que se conoce como interocepción). De ahí que una misma situación pueda generar respuestas emocionales completamente distintas en personas diferentes.

Esta idea no invalida la teoría de Ekman, sino que la complementa. No todas las personas expresan el asco de la misma manera, por ejemplo, ni en todas las culturas se manifiesta con la misma intensidad o forma. Pero lo que sí parece cierto es que, cuando se eleva el labio superior en ese gesto tan característico, estamos ante una expresión de asco. Es decir, puede que la emoción no se exprese siempre igual, pero ciertos gestos sí se asocian de forma muy estable a determinadas emociones. Lo uno no excluye lo otro. Una cosa es la construcción de la emoción y otra cómo se expresa en el rostro.

### *Las microexpresiones*

Puede que estés pensando «pues, entonces, esto de leer a la gente no debe de ser tan complicado, ¿no? Si solo hay siete emociones universales, y todas tienen un patrón claro, blanco y en botella». Ojalá. En un mundo ideal, sí. Pero ya sabes cómo somos los humanos, nos pasamos la vida disimulando. A veces para protegernos. A veces para no preocupar a los demás. A veces por puro postureo. O porque no estamos listos para mostrar lo que sentimos. O porque queremos manipular. O simplemente porque ni siquiera nosotros sabemos bien qué nos pasa. Sea por pudor, miedo, estrategia o torpeza emocional, lo cierto es que ocultamos nuestras emociones más de lo que creemos. Y ahí es donde entran en juego las **microexpresiones**.

Las microexpresiones son movimientos faciales ultrarrápidos que duran menos de medio segundo y que revelan una emoción auténtica, aunque la persona esté intentando ocultarla. Son involuntarias e incontrolables, pequeños fogonazos que se cuelan entre los pliegues de una sonrisa falsa o una cara de póker. Y aunque tú no quieras que se vean... zas, se escapan.

Paul Ekman, el mismo que identificó las emociones universales, fue también quien puso nombre y método a este fenómeno. En su libro *El rostro de las emociones* explica que, cuando una emoción auténtica intenta abrirse paso, pero la persona quiere taparla o reemplazarla con otra (por ejemplo, sonreír cuando estás enfadado), a veces no le da tiempo a ocultarla del todo, y se filtra por un instante en forma de microexpresión. Un pequeño gesto, casi imperceptible, que delata lo que realmente se siente.

Ahora bien, lo fundamental aquí no es solo saber cómo es una microexpresión en el rostro, sino cuándo aparece. Es importante observar esa arruguita de nariz, un fruncimiento leve de cejas, una contracción sutil del labio... pero más importante aún es entender que no encaja con lo que se está diciendo o con el ambiente emocional del momento. Si aparece un gesto sutil de tristeza cuando alguien te está diciendo que «todo va bien», la microexpresión es mucho más creíble que el discurso, y es ahí donde hay que afinar.

Por eso, el verdadero valor de las microexpresiones no está solo en reconocerlas, sino en detectar la **incongruencia**. Darse cuenta de cuando el gesto no debería estar ahí, de que se ha colado en mitad de una frase amable, o en un contexto donde no hay razón aparente para esa emoción. Como cuando conoces a tu suegra y te sirve un plato que odias, y tú sonríes amablemente diciendo «está buenísimo», pero se te escapa, durante un milisegundo, un fruncimiento de nariz que solo puede indicar asco. Se trata de un gesto mínimo, sutil, ya que tu cara no tiene el patrón facial completo del asco, pero revela lo que sientes de verdad. Claro que es útil conocer las características de cada microexpresión —y te las voy a enseñar enseguida—, pero aún más importante es saber en qué momento aparece, por qué y qué contradice.

**¡Cuidado con esto!**

Las microexpresiones no concuerdan con la expresión verbal en el tiempo. Es decir, si pones cara de asco mientras dices «resulta que mi ex se ha echado novia», no es una microexpresión, sino un refuerzo enfático de lo que estás diciendo, puesto que no te estás ocultando y está claro que no te alegras y lo muestras. Sin embargo, si dices eso mismo con una aparente normalidad y hasta con una sonrisa, pero se te escapa por medio segundo una expresión de asco, aquí ya estamos hablando de microexpresión.

Podría decirse que si las emociones básicas son el lenguaje emocional que compartimos, las microexpresiones son los susurros traicioneros que revelan la verdad cuando intentamos callarla.

# LAS EMOCIONES Y LAS MICROEXPRESIONES

A continuación, vamos a desglosar una a una las emociones básicas, tal y como las definió Paul Ekman. De cada una veremos dos niveles. El patrón facial completo, ese gesto reconocible que casi todos sabríamos identificar sin necesidad de formación previa; y las microexpresiones asociadas.

## *La alegría*

La alegría es una emoción expansiva, vinculada al placer, la satisfacción o la consecución de una meta. Puede surgir por razones externas —como recibir buenas noticias o estar con personas queridas— o por estados internos más profundos, como la tranquilidad o el bienestar duradero. En esencia, la felicidad tiende a fomentar la conexión social, cuando alguien sonríe sinceramente, los demás lo perciben como menos amenazante y más accesible, lo que favorece el acercamiento y la empatía.

La expresión de la alegría se manifiesta principalmente en la parte media y superior del rostro:

- Los pómulos se elevan, tirando de la piel hacia arriba, lo que da una apariencia más tersa y animada.
- Aparecen arrugas en forma de patas de gallo en las comisuras externas de los ojos.
- Hay una contracción del músculo orbicular de los ojos (zona periorbitaria), que indica que la sonrisa involucra realmente los ojos y no solo la boca.
- Las comisuras de los labios se elevan.

Según Ekman, la alegría solo tiene una microexpresión específica, y está localizada fundamentalmente en la boca:

Sin embargo, yo también la he observado en unos pómulos que se levantan sin que casi asome la sonrisa.

Un ejemplo claro lo viví en una sesión de trabajo donde le comunicamos a una compañera que había sido seleccionada para un destino muy cotizado. Ella intentó mantener la compostura, asintió con calma y dijo «bueno, era lo esperado». Pero durante una fracción de segundo se elevaron las comisuras de sus labios, y los pómulos la delataron. Esa microexpresión de alegría, aunque contenida, fue mucho más sincera que sus palabras.

### *El asco*

Esta emoción está vinculada al rechazo, tanto físico como simbólico. Evolutivamente, está diseñada para alejarnos de lo que puede ser perjudicial: alimentos en mal estado, olores tóxicos, entornos contaminados... pero también puede aparecer frente a comportamientos, ideas o situaciones que percibimos como ofensivas o inaceptables. Es una emoción defensiva, que protege nuestros límites y expresa una clara señal de desaprobación.

La expresión del asco se manifiesta sobre todo en la zona media del rostro:

Suele generar una sensación de repulsión o incomodidad visual para quien lo observa:

- El párpado inferior se tensa, estrechando la mirada.
- La nariz se arruga, como si intentáramos protegernos de un mal olor. Este gesto puede producir arrugas verticales en el puente nasal.
- El labio superior se eleva, a veces mostrando los dientes, en un gesto clásico de desagrado.

En su versión microexpresiva, el asco puede manifestarse de forma muy breve y localizada:

- Puede aparecer como nariz arrugada, apenas perceptible.
- También como una rápida y sutil subida del labio superior.
- A veces, se combinan ambos gestos en una expresión fugaz pero contundente.

Aún me acuerdo de cuando, en una comida formal, alguien soltó un comentario sobre una práctica empresarial bastante cuestionable —manipulación de datos, explotación laboral, ese tipo de cosas—. La persona sentada a mi lado asintió con calma y dijo «bueno, cada uno lo gestiona como puede». Pero justo en ese momento, la nariz se le arrugó un poco y el labio superior se elevó durante una fracción de segundo. Aquella microexpresión de asco, que no guardaba relación con lo que acababa de expresar, reveló un rechazo que intentaba pasar desapercibido.

### *El desprecio*

Esta emoción surge cuando alguien se siente superior —moral, intelectual o culturalmente— a otra persona o grupo. Quien siente desprecio no solo desaprueba, sino que coloca al otro en un escalón inferior. Transmite una mezcla de rechazo y soberbia: «No solo no me gustas, sino que me siento por encima de ti».

El rostro del desprecio es más sutil que el de otras emociones básicas:

- Una de las comisuras de los labios se eleva de forma unilateral, en una especie de sonrisa torcida. A veces puede confundirse con una sonrisa genuina, pero si observas con atención, verás que es incompleta, desequilibrada.
- Este gesto marca la línea nasogeniana solo en un lado del rostro.

He observado una variante muy habitual en nuestro país, que podríamos llamar el «desprecio ibérico»:

- Las cejas se levantan con leve arruga en la frente.
- Los párpados caen, creando una mirada entre aburrida y condescendiente, como si dijera «te estoy perdonando la vida».

El desprecio a menudo va combinado con la expresión de asco. Es decir, puede presentarse una elevación de nariz (típico del asco) y una elevación unilateral del labio (típico del desprecio).

Seguro que has presenciado algo similar. En un supermercado, por ejemplo, cuando alguien se cuela descaradamente en la cola y la persona afectada, en lugar de montar una escena, dice con una media sonrisa «no pasa nada, si tienes prisa...». Pero justo al decirlo, una de sus comisuras se eleva con ese gesto unilateral y seco, casi imperceptible, que deja claro que no hay generosidad, sino juicio. Esa microexpresión, rápida y fuera de lugar en un comentario aparentemente amable, revela el verdadero mensaje: te estoy perdonando la vida, pero no porque te lo merezcas.

### *La ira*

Se trata de una emoción intensa, reactiva, que aparece cuando percibimos que se ha cometido una injusticia, se ha vulnerado un límite o hemos sido bloqueados en la consecución de un objetivo. Es una emoción defensiva y ofensiva al mismo tiempo, nos prepara para luchar, para resistir o para atacar. En su forma más visible, puede ser explosiva. Pero también puede mostrarse de forma contenida, como una rabia que se acumula por dentro y espera el momento de salir.

La expresión de la ira es poderosa y fácilmente reconocible cuando se muestra en su totalidad:

- Las cejas se fruncen juntándose en el centro, generando líneas verticales profundas en el entrecejo. (¡Ojo! Este gesto también puede aparecer en la concentración, así que siempre hay que analizar el contexto).
- La nariz se tensa, a veces con un leve aleteo.
- Las fosas nasales a veces se dilatan.
- La boca se tensiona, a veces puede estar abierta.
- El mentón se contrae, reforzando la rigidez de la parte inferior del rostro.

En su versión microexpresiva, la ira puede aparecer de forma breve y concentrada en zonas clave del rostro:

- Puede manifestarse en unas cejas fruncidas y tensas, dibujando una forma de «M».
- También en unos párpados entrecerrados, que transmiten hostilidad contenida.
- O en una boca con los labios apretados en línea recta, signo de tensión y control.

En mi experiencia, el fruncimiento del ceño y el apretón de los labios son las microexpresiones más comunes de la ira.

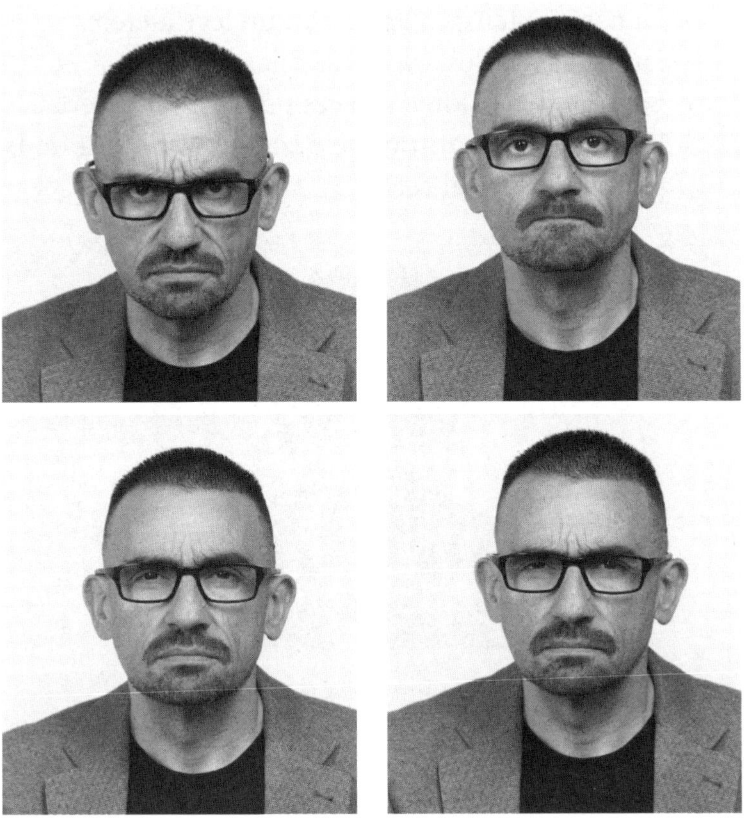

**¡Cuidado con esto!**

A veces, podemos tener los párpados entrecerrados porque tenemos dificultades para ver. Puede parecer obvio, pero no confundamos la miopía con una microexpresión.

Piensa en un adolescente al que le acabas de decir que no puede salir porque tiene que estudiar. Te responde con un «vale, no pasa nada» muy tranquilo, pero aprieta los labios en una línea tensa. Dura muy poco, pero ahí está: la ira contenida.

### *El miedo*

Se trata de una emoción ligada a la percepción de peligro o amenaza. Activa el sistema de alerta del cuerpo y nos prepara para la huida, la defensa o la inmovilidad. Es una emoción muy enraizada en nuestra biología y, aunque puede modularse según el contexto, su expresión facial suele ser intensa y reveladora.

La expresión del miedo se manifiesta en distintas zonas del rostro:

- Las cejas se elevan y tensan, generando arrugas horizontales en la parte central de la frente.
- El párpado superior se eleva más de lo habitual, dejando al descubierto más parte del ojo.

- El párpado inferior también se atiranta, como si intentara contener la apertura ocular.
- Los labios aparecen separados y con tensión visible.

En su versión microexpresiva, el miedo puede aparecer de forma breve y focalizada:

- Se percibe en cejas que se elevan con arrugas centrales en la frente.
- En unos párpados abiertos de forma anómala, mostrando alarma.
- O en la combinación de cejas altas y ojos muy abiertos, en un gesto de sobresalto.
- A veces también en la comisura de los labios, que se estira hacia atrás y hacia abajo con tensión.

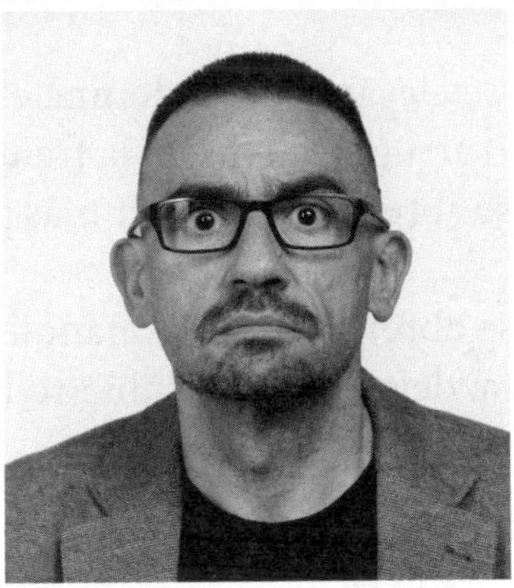

Me acuerdo de que cuando mi hijo era pequeño, fuimos a una feria y se empeñó en subirse a una atracción bastante imponente. Le pregunté si estaba seguro, y me dijo con voz firme «No tengo miedo, papá». Pero, mientras lo decía, sus párpados se abrieron más de lo normal, dejando ver ese brillo de alarma que aparece justo antes del susto.

### *La sorpresa*

La sorpresa aparece ante lo inesperado. No distingue entre estímulos positivos o negativos, podemos sorprendernos tanto por una buena noticia como por un susto. Su principal función es interrumpir el estado anterior para redirigir nuestra atención y preparar una respuesta adecuada al nuevo estímulo.

La expresión facial de la sorpresa suele implicar una apertura general del rostro:

- Las cejas se elevan formando una especie de «M», marcando arrugas curvas en la frente.
- Los ojos se abren, dejando ver más parte del globo ocular.
- La boca se abre, como si la mandíbula cayera sin resistencia, dejando al descubierto los dientes o la lengua.

En su versión microexpresiva, la sorpresa puede surgir de forma súbita y fugaz:

- A través de una elevación breve e intensa de los párpados.
- Mediante la combinación de cejas levantadas y ojos muy abiertos.
- O con una rápida apertura de la boca, en un gesto de desconcierto.

En una declaración, le informamos a un sospechoso de que una persona muy cercana a él había sido imputada por el caso. Nos miró fijamente y dijo con seguridad «Sí, ya lo sabía». Pero justo al oír el nombre, la boca se le abrió levemente durante un instante, como si le faltara el aire, y luego se cerró enseguida. No, no lo sabía. Lo había intentado disimular con palabras, pero su rostro se adelantó y dejó al descubierto la verdad.

## *La tristeza*

La tristeza es una emoción de repliegue, vinculada a la pérdida, la decepción o el desánimo. A diferencia de otras emociones básicas, tiende a disminuir la energía del cuerpo y del rostro.

La expresión facial de la tristeza afecta tanto a la parte superior como inferior del rostro:

- Los extremos internos de las cejas se elevan, formando una curva descendente en el centro.
- El párpado superior cae ligeramente, dando un aspecto apagado a la mirada.
- Las comisuras de los labios se orientan hacia abajo, formando una especie de «U» invertida.
- A veces aparece un temblor en la barbilla o podemos observar, según algunos investigadores, el llamado «triángulo de la tristeza» en la oquedad del ojo.

En su versión microexpresiva, podemos ver:

- Cejas que se elevan sutilmente por el centro.
- Párpado inferior caído o relajado.

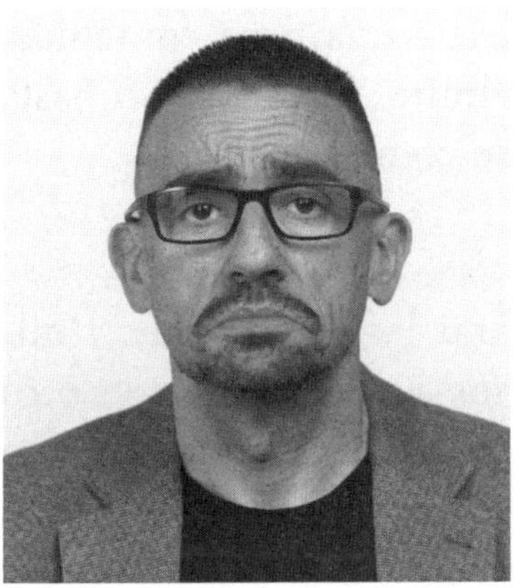

- Combinación de cejas alzadas y mirada descendente.
- Comisuras labiales que caen, formando una pequeña curva hacia abajo.

Todos tenemos un amigo que se hace el fuerte cuando rompe con su pareja. Dice que está bien, que era lo mejor, que ya lo tenía asumido. Pero justo al pronunciar esas palabras, los extremos de sus cejas se elevan ligeramente y los párpados se le apagan por un segundo, en ese gesto sutil y breve que delata una pena contenida. No llora, no lo dice, no lo admite, pero con eso basta para saber que no está tan bien como asegura.

Ahora que ya tienes bien claras las expresiones y microexpresiones clásicas, vamos a adentrarnos en otro terreno: gestos y movimientos faciales que, aunque no estén dentro de la categoría de microexpresiones puras de Ekman, siguen siendo igual de reveladores. Son movimientos, tics o tensiones que otras escuelas han estudiado —o que simplemente hemos detectado a base de observar detenidamente— y que, si sabes leerlos, te pueden contar más de lo que la persona quisiera.

# EL DÚO INFALIBLE PARA CAUSAR BUENA IMPRESIÓN: SONRISA Y CEJAS

Cantaban los Estopa: «Que yo sé que la sonrisa que se dibuja en mi cara tiene que ver con la brisa que abanica tu mirada». Ellos hablaban del amor, claro, pero yo suelo tunear esa frase para acordarme de algo más útil: la sonrisa que se dibuja en tu cara... tiene que ver con tu mirada. Y es que, para causar una buena primera impresión, hay dos elementos básicos que marcan la diferencia: la sonrisa y las cejas, que enmarcan la mirada. Vamos a empezar por el primero, la sonrisa, y a entender por qué no todas las sonrisas son iguales.

## *La sonrisa verdadera*

Cuando alguien llega a un sitio, lo primero que percibimos no son detalles aislados, sino la corporalidad general, su postura, su energía, su expresión... y especialmente **si sonríe** y **cómo sonríe**. Pero no todas las sonrisas comunican lo mismo. De hecho, podemos distinguir dos tipos principales: la sonrisa verdadera y la sonrisa social.

- La **sonrisa verdadera** es la que nace de una emoción genuina de alegría. Se conoce como la sonrisa de Duchenne, en honor al médico francés Guillaume Duchenne, que estudió sus características en el siglo XIX. Cuando una sonrisa es real, se produce una activación intensa y coordinada de varios músculos del rostro. La comisura de los labios no solo se estira hacia los lados, sino que sube de manera pronunciada, empujando también los pómulos hacia arriba. Esto provoca que el rostro en general se eleve, los ojos se achinen ligeramente y aparezcan las famosas patas de gallo, esas arruguitas en la esquina exterior de los ojos. Además, puede haber tensión visible en otras zonas como la frente o las bolsas pal-

pebrales bajo los ojos. Esta tensión extra es una buena pista; cuando una sonrisa es auténtica, todo el rostro colabora, y la emoción se hace evidente en varias zonas a la vez, no solo en la boca.

**Truco para desenmascarar sonrisas**

¿Quieres saber si una sonrisa es verdadera? Tapa la boca de la persona en una foto o en el *frame* de un vídeo. Si mirando solo los ojos no eres capaz de saber si sonríe, seguramente se trata de una sonrisa social. Si los ojos también sonríen —más pequeñitos, más brillantes, con arruguitas—, entonces es una sonrisa auténtica.

- La **sonrisa social** es más contenida y mucho menos sincera desde el punto de vista muscular. Es un gesto de cortesía que usamos para dar la bienvenida, mostrar educación o suavizar una interacción social, aunque internamente no estemos experimentando una emoción intensa de alegría. Al sonreír socialmente, el movimiento se concentra casi de forma exclusiva en la boca, la comisura de los labios se mueve hacia atrás (horizontalmente), con un leve ascenso, pero sin la participación destacada de otras áreas de la cara. No hay apenas elevación de pómulos ni achinamiento de ojos, y mucho menos patas de gallo o tensión en la frente.

**¡Cuidado con esto!**

No confundas una sonrisa social con falsedad. Que alguien te sonría de forma social no significa que sea una persona hipócrita, sino que está siendo educada. De hecho, si tu vecino del quinto te sonriera con una sonrisa de felicidad genuina cada vez que te ve, sería un poco inquietante...

Cuando pensamos en las mejores sonrisas de Hollywood, a muchos nos viene a la mente Julia Roberts. Seguramente por eso circula en Internet una comparación entre sus dos formas de sonreír.

En una de las imágenes vemos una sonrisa verdadera: los ojos achinados, los pómulos elevados, las patas de gallo marcadas y toda la cara irradiando emoción genuina. En la otra imagen, sin embargo, la sonrisa es social: los labios se estiran hacia atrás, pero los ojos permanecen prácticamente iguales, sin esa participación característica que delata una sonrisa auténtica.

Un ejemplo de alguien que domina a la perfección las sonrisas es Barack Obama. Cuando Obama sonríe en público, parece que toda su cara se ilumina: los ojos se achinan, aparecen arrugas en las comisuras, los pómulos suben... todo parece genuino. Sin embargo, muchas veces está impostando esa expresión de forma estratégica porque sabe que una sonrisa verdadera es infinitamente más poderosa para generar conexión y simpatía. No todo el mundo lo consigue, impostar una sonrisa Duchenne de forma creíble requiere un control brutal del rostro y mucha práctica. Él es uno de los pocos que lo clava, y por eso su imagen pública es tan magnética.

### *Las cejas que se alegran*

Si la sonrisa es la reina de la buena impresión, las cejas son su mano derecha. Aunque a menudo pasen desapercibidas, juegan un papel esencial a la hora de expresar emociones, generar simpatía y reforzar el mensaje no verbal que transmitimos con la mirada. Son nuestras comillas, nuestra cursiva, nuestro subrayado emocional, además de ser clave para identificar y diferenciar las emociones básicas. Por eso, no es casualidad que sean las estrellas de la portada de este libro. ¡Cuánta información pueden revelar!

Cuando **elevamos las cejas** al ver a alguien, estamos enviando una señal instantánea de **reconocimiento y**

**apertura**. Es un gesto universalmente entendido como amistoso, «te he visto, te reconozco, me alegra verte». Y no es casualidad. Según un estudio de 2008 de Susskind, sobre las expresiones faciales básicas, el movimiento de elevación de cejas se asocia al reconocimiento positivo y a una predisposición amigable hacia el otro. Es decir, cuando una persona nos eleva las cejas ligeramente al vernos, nuestro cerebro lo interpreta como una señal de simpatía, lo que mejora instantáneamente la impresión que nos formamos de ella.

Me acuerdo siempre de una anécdota que contaba uno de mis primeros profesores de comunicación no verbal. ¿Qué haces cuando entras en un bar lleno hasta la bandera para pedir una caña? Hay dos o tres filas de gente pegada a la barra, todos intentando llamar la atención del camarero. ¿Qué hace la mayoría? Se queda allí, repitiendo en voz baja «perdona, perdona, cuando puedas...», mientras lucha por sobresalir entre el ruido y el gentío. Pues no. La clave, decía mi profe, está en mirar fijamente al camarero y, en cuanto cruzáis las miradas, levantar las cejas mientras dices «cuando puedas». Este pequeño gesto funciona como un golpe visual. Te clavas en su cerebro durante ese instante, captas su atención y te conviertes en su prioridad. Porque una de las funciones principales de las cejas es precisamente esa, hacerte más visible.

**El bótox y tu radar emocional**

Perder la movilidad de las cejas puede afectar seriamente a la forma en la que los demás nos perciben. Hoy en día está muy de moda el uso de bótox para suavizar las líneas de expresión en la frente. Sin embargo, al paralizar los músculos responsables del movimiento de las cejas, también anulamos gran parte de nuestra capacidad expresiva natural. Si no podemos levantar las cejas para enfatizar algo que decimos —por ejemplo, «¿qué prefieres: hamburguesa, sándwich... o pizza?» (alzando las cejas en «pizza» para señalar nuestra preferencia)—, perdemos parte de la «pegada» en la comunicación, ese matiz sutil que marca la diferencia.

Un estudio dirigido por Joshua Davis y Ann Senghas (Columbia University, 2017) encontró que las personas que se habían sometido a tratamientos de bótox mostraban una reducción en su capacidad para interpretar correctamente las expresiones emocionales en otros. ¿La razón? La parálisis facial impide que reproduzcamos inconscientemente las microexpresiones ajenas, lo cual afecta el funcionamiento de las neuronas espejo, cruciales para la empatía. Así que, si pensabas en ponerte bótox, ya sabes: no solo podrías perder expresividad, sino también desafinar tu radar emocional.

# LAS HEMICARAS: LA MITAD QUE NO MIENTE

El 11 de septiembre de 2001, el presidente George W. Bush estaba sentado en un aula de una escuela de primaria en Florida. Estaba enfrente de la clase, hablando a un grupo de niños, cuando su jefe de gabinete se acercó a su oído y le susurró una frase que cambiaría el rumbo de la historia: «Señor, la nación está siendo atacada». En ese momento, Bush parpadea, asiente muy ligeramente y sigue sentado, intentando mantener la compostura. Pero si observamos bien el vídeo, algo sutil —pero brutal— sucede en su rostro. Aunque su expresión global se mantiene más o menos serena, su hemicara izquierda —la mitad izquierda de su cara— se transforma de forma casi inmediata: la ceja izquierda se modifica y difiere de la forma de la ceja derecha, el ojo se le entrecierra, la comisura del labio cae, el pómulo se tensa. Es como si esa mitad, pese a todos sus esfuerzos conscientes, gritara lo que realmente sentía: miedo.

Este pequeño detalle, que puede pasar inadvertido, pero que cuando lo pillas ya no puedes dejar de verlo, nos lleva al fascinante mundo de las hemicaras: el análisis de cómo las emociones reales o contenidas pueden asomar en solo una mitad del rostro. Nuestro cerebro está dividido en dos hemisferios, el hemisferio derecho, al que muchos llaman el «emocional» o «espontáneo», es la sede de la imaginación, la creatividad, la intuición y la conexión emocional. Mientras que el hemisferio izquierdo, el «matemático» o «controlador», se encarga de la lógica, la planificación y el pensamiento analítico. Aunque trabajan juntos y se comunican entre sí constantemente, tienen funciones especializadas. Debido a un fenómeno llamado **decusación**, las fibras nerviosas cruzan al lado contrario del cuerpo, haciendo que el hemisferio derecho del cerebro controle el lado izquierdo de nuestro cuerpo, y el hemisferio izquierdo el lado derecho. Así, un ictus en el hemisferio derecho suele afectar a la movilidad del lado izquierdo del cuerpo.

¿Y por qué es esto relevante para las expresiones faciales? Porque las emociones, especialmente las espontáneas, son más intensamente procesadas por el hemisferio derecho, lo que significa que se reflejan de forma más marcada en la **parte izquierda** de la cara. Estudios como los de Müller en 1999 y Tucker y Dawson en 1984 confirman esta superioridad del hemisferio derecho en el procesamiento emocional. Más aún, Borod, en 1992, dio un paso adelante afirmando que existe una superioridad de la hemicara izquierda en la expresión emocional. Posteriormente, llevó a cabo un metaanálisis de 49 estudios que coincidían en la misma conclusión: el hemisferio derecho del cerebro muestra una clara ventaja en el procesamiento de las emociones, lo que se traduce en una mayor expresividad en la parte izquierda del rostro.

En general, cuando estamos relajados, nuestras dos hemicaras actúan de forma sincronizada y no hay grandes diferencias. Sin embargo, cuando contenemos emociones, cuando luchamos por no expresar lo que realmente sentimos, la tensión se suele escapar por una sola mitad del rostro. Eso fue exactamente lo que ocurrió con Bush en aquella clase, su hemicara izquierda dejó ver su miedo, mientras su lado derecho, guiado por el hemisferio lógico, intentaba mantener el tipo frente a los niños y las cámaras.

**¡Cuidado con esto!**

La mayoría de las personas tiene alguna pequeña asimetría natural en el rostro —un ojo ligeramente más grande que el otro, una ceja más levantada—, como parte de su *baseline*. Por ejemplo, Paris Hilton es famosa por tener un ojo sustancialmente más pequeño que el otro, pero es su línea base, su normalidad. Para analizar una hemicara, tiene que haber un cambio en la expresión, una contracción activa, una dureza en la carne, no una diferencia estructural estática.

En definitiva, al analizar hemicaras céntrate especialmente en los cambios visibles que se produzcan en la mitad izquierda del rostro, porque es ahí donde se manifiestan con mayor claridad las emociones auténticas, especialmente cuando están contenidas o reprimidas. Recomiendo prestar especial atención a la detección de alguna de las emociones básicas o universales manifestadas únicamente en la hemicara izquierda —por ejemplo, una expresión parcial de miedo solo en ese lado del rostro—, ya que esto indica no solo que la persona está sintiendo esa emoción, sino también que intenta reprimirla o no mostrarla abiertamente.

Aunque existen teorías más detalladas sobre cómo interpretar contracciones o dilataciones en ambas hemicaras, lo cierto es que no todas ellas cuentan con suficiente respaldo científico. Por eso, la recomendación más práctica y fiable es observar principalmente las asimetrías y cambios emocionales en el lado izquierdo del rostro.

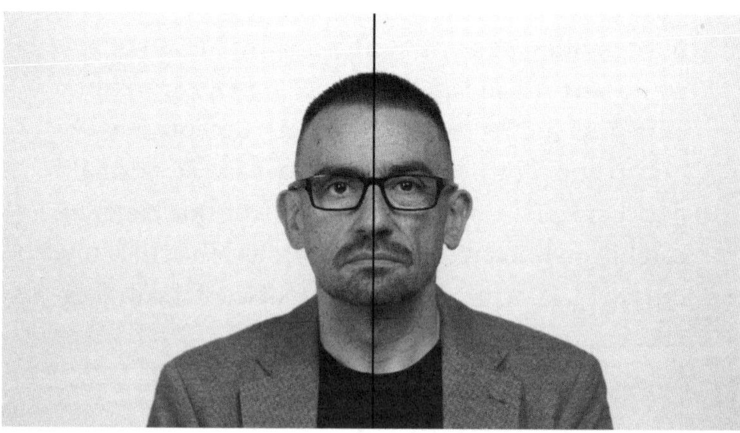

**¡Cuidado con esto!**

Antes de lanzarte a analizar, ten en cuenta que todo se ve mejor en directo o en vídeo, no en una foto. Las fotos pueden ilustrar, pero el cuerpo en movimiento, con la expresión mantenida durante varios segundos, siempre nos contará mucho más. En este sentido, ojo con analizar fotos y vídeos de redes sociales. Muchas veces las cámaras invierten la imagen, por lo que lo que vemos como «lado izquierdo» es en realidad el derecho, y viceversa. Para asegurarnos, podemos fijarnos en detalles como la posición de un reloj, un tatuaje, las letras de un cartel o el lado en el que una camisa tiene los botones.

# LOS PARPADEOS: EL TIC DELATOR DE LA EMOCIÓN

En la comunicación no verbal, a menudo prestamos atención a las grandes señales: una sonrisa, un cruce de brazos, una postura cerrada. Sin embargo, en ocasiones, los detalles más pequeños —los que pasan casi desapercibidos— son los que más nos revelan. Uno de ellos es el parpadeo.

Investigadores como Bradley y Lang han demostrado que el estado emocional de una persona puede observarse en su patrón de parpadeo, siempre teniendo en cuenta el *baseline* natural de cada uno. Es decir, cada persona tiene su propio ritmo habitual de parpadeo, hay quienes parpadean de forma más rápida o más lenta de forma natural, sin que eso indique nada especial. Por eso, lo relevante no es tanto cómo parpadea una persona en general, sino cómo cambia su patrón en momentos determinados.

Durante mucho tiempo se pensó que ante estímulos agradables o desagradables simplemente se inhibía o intensificaba el parpadeo, pero mi experiencia ha afinado mucho más esta interpretación. Hoy sabemos que el patrón depende de si el estímulo genera hipertonía o hipotonía en el organismo.

- **Hipertonía.** Es un estado de activación fisiológica alta, como el que provocan emociones como la ira, el miedo, el asco, el desprecio o la sorpresa. Con estos estímulos, el parpadeo se intensifica, es más rápido y más nervioso.
- **Hipotonía.** Es un estado de bajada de tono y de relajación muscular, asociado a emociones como la tristeza, la añoranza, y en ocasiones a una alegría serena. Ante estos estímulos, el parpadeo se ralentiza, volviéndose más lento y suave. (Importante: la alegría puede ser tanto hipotónica como hipertónica dependiendo de si es una felicidad tranquila o una excitación eufórica).

Así, un **parpadeo rápido** (y a menudo doble parpadeo) puede delatar una emoción hipertónica intensa: un susto, una sorpresa inesperada, un enfado contenido. Imagina que le propones a alguien cambiar su horario de trabajo para empezar una hora antes y ves que, justo después de decírselo, hace un «clinc, clinc», un doble parpadeo rápido. Si ese parpadeo no estaba en su *baseline* habitual y surge justo ahí, es un signo claro de reacción emocional, puede ser estrés, rechazo o simplemente sorpresa. Será tarea tuya fijarte en si hay más expresiones o gestos que apunten a una de las posibles interpretaciones.

Por otro lado, el **parpadeo emocional**, más lento y suave, es oro puro en la comunicación emocional. Según la teoría de Bradley y mi experiencia, este tipo de parpadeo se produce cuando hablamos o escuchamos acerca de algo que nos toca o afecta emocionalmente. Si alguien te está contando algo duro —una enfermedad, una pérdida, una época complicada— y tú, mientras escuchas, haces un parpadeo lento y suave, estás mostrando mucho más que comprensión cognitiva, estás mostrando empatía emocional.

Este pequeño gesto, aparentemente insignificante, dice «no solo te entiendo. Lo que te pasa me importa». Y las neuronas espejo de la otra persona lo captan, aumentando el *rapport* y la conexión emocional. Si en una conversación importante quieres transmitir verdadera conexión, puedes forzarte a realizar un parpadeo lento y suave mientras la otra persona habla. Esto, bien utilizado, genera un impacto positivo brutal, muestra interés real, preocupación emocional y construye un vínculo de confianza mucho más sólido. Pero, cuidado, debe hacerse en momentos concretos, cuando la conversación lo requiera emocionalmente. Si lo haces en cualquier momento, sin conexión con el contenido o el tono, perderá su fuerza y puede parecer forzado o poco sincero.

**Claves del parpadeo**

- **Parpadeo emocional** (lento y suave). Muestra conexión emocional profunda. Se da en emociones de hipotonía o en momentos de gran importancia personal. Fortalece la empatía emocional.
- **Parpadeo rápido** (y a menudo doble). Es reactivo (se produce justo después de un estímulo) y refleja emociones hipertónicas fuertes como miedo, ira, sorpresa o una alegría desbordada.

¿Y qué hay sobre la frecuencia, sobre parpadear más o menos? Sabemos que:

- Cuando escuchamos activamente, parpadeamos más.
- Cuando estamos distraídos o «en la luna», dejamos de parpadear. Sin embargo, si no hay parpadeo, pero el globo ocular se mueve, en realidad es que estamos prestando mucha atención.
- Cuando estamos emocionados, también aumenta el parpadeo.
- En situaciones de alerta intensa, se inhibe el parpadeo: abrimos los ojos, los fijamos y parpadeamos mucho menos.

Por supuesto, aquí también hay que ser muy cuidadosos, no todo parpadeo es interpretable. Hay que observar el contexto, la congruencia y el cambio respecto al *baseline* de la persona.

# LAS PUPILAS: SÉ QUE TE GUSTO

Si hay una parte del cuerpo que escapa al control consciente, son las pupilas. No puedes decidir que se dilaten o se contraigan a voluntad. Lo hacen solas, obedeciendo a dos grandes factores: la luz... y la emoción. Y esta última es la que nos interesa aquí.

A mediados del siglo XX, el psicólogo Eckhard H. Hess y su equipo realizaron una serie de experimentos que hoy en día son todo un clásico en el ámbito de la comunicación no verbal. En un estudio publicado en 1965, Hess y su colega James M. Polt mostraron a varios participantes imágenes con distintos contenidos, incluyendo fotografías de personas atractivas. Observaron que, ante estímulos de carga sexual o emocional positiva, las pupilas de los sujetos se dilataban de forma automática. Este hallazgo abrió una línea de investigación que, todavía hoy, sigue confirmando lo mismo: cuando algo nos gusta, cuando algo nos interesa o nos conmueve, las pupilas se agrandan. Y no podemos evitarlo. Esta respuesta no se limita al deseo sexual. También se ha observado dilatación pupilar cuando miramos a un bebé, escuchamos una melodía que nos emociona o vemos comida apetecible. Las pupilas actúan como un pequeño radar de lo emocional, reaccionando de forma casi instantánea.

Pero no solo lo emocional activa este mecanismo. También en los años sesenta, Jackson Beatty realizó una investigación en la que los participantes llevaban a cabo tareas de memoria y cálculo mental. Los resultados mostraron que cuanto más difícil era la tarea, más se dilataban sus pupilas. Este fenómeno de dilatación de las pupilas durante un esfuerzo cognitivo ha sido confirmado desde entonces por numerosos estudios, incluido el trabajo de 2009 de Thomas Webb, que analizó el movimiento ocular en contextos complejos y obtuvo los mismos resultados.

**Claves de la dilatación de las pupilas**

- Placer, emoción positiva, interés o apetencia sexual.
- Procesamiento cognitivo elevado, que implique cálculo mental, toma de decisiones complejas o concentración intensa.

Hay quien también relaciona la dilatación de la pupila con la mentira. A mí me parece tirar demasiado de la cuerda. ¿Que puede dilatarse cuando alguien miente? Sí, claro. Pero no porque esté mintiendo, sino porque mentir —si lo haces bien, claro— requiere esfuerzo mental: inventar, mantener la coherencia, controlar el cuerpo... Todo eso consume recursos cognitivos. Y cuando el cerebro trabaja a tope, las pupilas suelen delatarlo.

Es evidente que para analizar la dilatación de la pupila tienes que estar cerca de tu interlocutor, por lo que no siempre será posible fijarse. Si tiene los ojos claros lo tendrás más fácil, eso sí, en ningún caso tiene que percibir que le estamos mirando a los ojos demasiado fijamente. Si conseguimos hacerlo de forma disimulada y sin perder el hilo de la conversación, una dilatación de pupilas puede ser una muy buena señal. Recuerdo una reunión con un directivo durante una gestión de crisis bastante tensa. Estábamos valorando distintos escenarios para comunicar una situación delicada, y sobre la mesa había varias propuestas. El tipo mantenía una actitud muy contenida, de estas que no sabes si está a punto de aceptar o de levantarse e irse. Cada vez que planteaba una opción, él asentía levemente, sin comprometerse... hasta que propuse una estrategia concreta de enfoque al público. En ese instante, vi cómo se le dilataban las pupilas. Nada más. Ni un gesto, ni una palabra de más. Incluso me soltó un «habría que pensarlo» con tono neutro, como quien no se moja. Pero yo ya lo había visto. Esa opción le había interesado, aunque no quisiera mostrarlo. Así que no insistí. Dejé que madurara en su cabeza. Unos minutos después, fue él quien la recuperó: «Oye, lo que comentabas antes... eso sí podríamos explorarlo».

**¡Cuidado con esto!**

Para que la observación de las pupilas sea válida, deben cumplirse varias condiciones: la luminosidad del entorno tiene que ser constante, no puede haber sustancias en juego (como medicamentos, alcohol o drogas que afecten la respuesta pupilar), y el contexto emocional debe ser interpretado con cuidado. Una pupila puede estar dilatada por varios factores, así que, como siempre, la clave estará en la lectura del conjunto.

# LA BOCA EN OSTRA: CONTENCIÓN

¿Te suena esa cara que pone alguien cuando, de repente, se da cuenta de que calladito está más guapo? Pues se llama boca en ostra, y es un gesto en el que los labios se comprimen hacia dentro hasta prácticamente desaparecer. Las comisuras se tensan, los músculos alrededor de la boca se inflan ligeramente... y da la sensación de que la persona se ha tragado las palabras.

Este gesto aparece cuando alguien está conteniendo una emoción intensa. Y lo más interesante es que esa emoción puede ser de signo muy distinto: tristeza, alegría, ira, vergüenza... lo que tienen en común es que el cuerpo está intentando no dejarla salir del todo. Por eso es tan habitual ver este gesto en contextos en los que hay una presión emocional fuerte, pero cuya expresión abierta no encajaría del todo. En términos técnicos, se trata de una acción muscular de represión. Ya lo documentaron Ekman y Friesen en sus primeras investigaciones sobre expresión facial; cuando una emoción intensa irrumpe en un momento social que no lo permite, el rostro busca formas de bloquearla. La zona de la boca es una de las primeras en reaccionar. Estudios más recientes han confirmado que este gesto se activa en momentos de autocontrol emocional, sobre todo en situaciones en que se quiere mantener una imagen de entereza o de serenidad. Por lo tanto, como siempre, para saber qué emoción se está conteniendo la clave está en el contexto. La boca en ostra puede aparecer:

- En una celebración pública, cuando alguien está a punto de llorar de alegría, pero intenta mantener el tipo.
- En una rueda de prensa, cuando hay que contener la tristeza tras una pérdida o una crisis.
- En una discusión, cuando alguien está tragándose el enfado para no saltar.

Este gesto no nos dice qué se está sintiendo, pero sí nos indica que la emoción está ahí y se está gestionando activamente.

Un ejemplo muy claro de boca en ostra lo vimos en Pedro Sánchez, justo después de ganar la moción de censura en junio de 2018. Cuando se hizo oficial que se convertía en presidente del Gobierno, su rostro se mantuvo serio, pero la boca desapareció por unos segundos. Labios comprimidos, mandíbula tensa, mirada fija. No sonrió, no celebró... y ese pequeño gesto revelaba lo que intentaba no mostrar: una emoción fuerte que estaba conteniendo ante las cámaras, probablemente una mezcla de responsabilidad, tensión y satisfacción.

**Miniguía de observación emocional (un recordatorio)**

- **No vayas con una *checklist* mental** (microexpresiones, sonrisa, cejas, hemicaras, parpadeos, pupilas, boca en ostra...) como si estuvieras pasando una inspección técnica. Si lo haces así, nada te cuadrará, verás señales donde no las hay y, lo peor, dejarás de prestar atención a lo que la persona te está diciendo.
- **Fíjate en el *shift*.** Lo que te interesa no es lo evidente, sino el cambio repentino. Ese gesto que dura una fracción de segundo, que no encaja con el discurso, que desentona justo en el momento clave. Ahí es donde salta la verdad.

- **No te delates**. Si observas demasiado fijamente, por ejemplo, las pupilas, lo más probable es que el otro lo note. Y adiós espontaneidad. Lo más valioso solo aparece si la persona siente que no está siendo analizada.
- **Observar está bien**. Escuchar, también. Si te obsesionas con mirar, pero te pierdes el mensaje verbal, mal vamos. Además, el otro puede interpretarlo como desinterés... y perderás el *rapport*.

Cuando terminamos el interrogatorio con Raúl, tenía ya más claro que el agua por dónde iban los tiros. No porque me hubiera marcado una peli de Hollywood con confesión dramática, sino porque su cuerpo había hablado. Y, por suerte, teníamos más pistas además de sus gestos.

Durante la conversación, al tocar temas neutros (fútbol, motos, las típicas chorradas para romper el hielo), Raúl mantenía una línea base muy estable. Postura relajada, sonrisa auténtica (esa que arruga los ojos), parpadeo tranquilo. Todo en su sitio. Sin embargo, bastó con mencionar el nombre de Laura M. para que cambiara de actitud. Primero, el parpadeo desapareció, se quedó casi congelado, como si le hubieran dado al «pause». Cuando el sistema límbico se activa —estrés, culpa, miedo— el parpadeo normal desaparece.

Segundo, la hemicara emocional. Al sacar el tema, su lado izquierdo de la cara se tensaba de manera sutil pero clara: ojo izquierdo más cerrado, comisura labial cayendo un poco. Lo típico cuando el hemisferio derecho del cerebro —que maneja la parte izquierda del cuerpo— se enciende ante una emoción intensa. Así que no, no era que «tuviera un ojo más pequeño de serie», se trataba de la emoción filtrándose antes de que pudiera disimular.

Tercero, la sonrisa falsa. Intentó tirar de simpatía, pero sus ojos no acompañaban. Sonreía de boca, pero los ojos seguían fríos. La sonrisa auténtica, la de Duchenne, implica el músculo orbicular de los ojos... y ese es prácticamente imposible de controlar.

¿Y qué pintaba todo esto en la investigación? Esos indicios no eran pruebas directas, pero acompañaban y daban sentido a lo que estaba por venir: pruebas periciales, mensajes cruzados, una coartada cogida con alfileres... todo empezó a encajar. La investigación avanzó porque pudimos seguir el hilo de las emociones y contrastarlo con los datos.

¿Conclusión? Raúl no solo conocía a Laura M., estaba implicado hasta las cejas. Su cuerpo lo delató mucho antes de que el atestado pusiera su nombre en negro sobre blanco. Como siempre digo, la boca puede mentir. Pero el cuerpo... el cuerpo es un bocazas.

## Resumiendo, que es gerundio

- Las emociones básicas tienen expresiones reconocibles con una función evolutiva concreta.
- Las microexpresiones son gestos fugaces, inconscientes y difíciles de controlar que aparecen cuando alguien siente una de las emociones básicas, pero intenta ocultarla. La clave no está solo en el gesto, sino en la incongruencia con el discurso.
- Una sonrisa verdadera implica ojos, pómulos y expresión completa; una sonrisa social, solo la boca.
- Las cejas elevadas refuerzan la conexión y la simpatía, y pueden marcar la diferencia en la primera impresión. ¡Úsalas!
- Las emociones contenidas se filtran más por la mitad izquierda del rostro, que está controlada por el hemisferio derecho y gestiona lo emocional.
- Un parpadeo rápido suele revelar alerta emocional (ira, miedo, sorpresa...), mientras que uno lento y suave refleja conexión emocional y empatía.
- Las pupilas se dilatan con el placer, el interés o el esfuerzo cognitivo.
- La boca en ostra es un gesto de represión emocional: los labios se esconden hacia dentro para no dejar salir lo que de verdad se siente.
- No se trata de observar el rostro con una *checklist* en la mano, sino de detectar el *shift*, el cambio repentino que no cuadra con el resto. Ese gesto breve, fuera de lugar, es lo que esconde la verdad.

# 5
# MUÉVETE, QUE TE OBSERVO

No te observo para juzgarte, te observo para entenderte.

JUAN MANUEL GARCÍA LÓPEZ (yo)

28 de diciembre. Día de los Santos Inocentes. Me encontraba en uno de esos barrios conflictivos en los que todo el mundo se conoce y a los «de fuera» enseguida se les mira con recelo. Una llamada urgente nos había llevado hasta una casa donde, según todos los indicios, había pasado algo muy serio. No se trataba de un robo ni de una pelea de bar, sino de un crimen.

Cuando llegamos, aquello parecía una fiesta patronal en pleno agosto. Había gente por todos lados, dentro, paseando por las habitaciones o sentados en el sofá; en el porche, incluso sentados en el borde de las ventanas. Familias enteras, críos correteando, ancianos sentados en sillas de plástico, grupitos cuchicheando. El aire era denso, cargado de murmullos y de miradas desconfiadas.

Necesitábamos despejar la casa para poder investigar, para poder hacer nuestro trabajo sin contaminación ni follones. Con la mejor de mis sonrisas y la voz en modo «caballero andante», lancé el primer aviso:

—Por favor, señores, les voy a pedir que desalojen el recinto. Es importante.

¿Resultado? Cero. Nada. Ni media intención de moverse. Como si hubiera hablado en otro idioma. Solo un par de miradas fugaces... y, de nuevo, el murmullo. Respiré hondo. Sabía que subir el tono o endurecer las formas solo nos llevaría a incendiar más el ambiente; y si algo debíamos evitar en ese momento, era precisamente eso. Así que me planté en mitad de aquel mar humano y empecé a observar. No a mirar. A observar de verdad.

El caso es que, entre aquel bullicio, hubo algo —o más bien, alguien— que captó mi atención. No sabría decirte qué fue primero, si su manera de estar, la forma en que los demás la miraban o la energía que desprendía sin abrir siquiera la boca. Me acerqué a ella. Con cuidado, sin movimientos bruscos. Como quien sabe que se juega mucho en una sola tirada. Cuando estuve a su altura, bajé un poco la voz —porque a veces, si quieres que te escuchen, lo mejor es dejar de gritar— y le dije:

—Mira, sé que aquí tienes tu peso. Me vendría muy bien que me echaras una mano. ¿Podrías ayudarme a decirles a todas estas personas que salgan?

Se hizo el silencio. Ella me miró durante un segundo largo, muy largo. Y entonces, sin montar teatro, sin levantar apenas la voz, dio una orden rápida. Y como si alguien hubiera agitado una varita mágica, la casa empezó a vaciarse. Así, sin aspavientos. Sin empujones. Sin protestas.

# TU CUERPO TE DELATA

¿Dónde miras primero cuando quieres saber cómo se siente alguien? Lo más probable es que respondas «a la cara» o incluso «a los ojos». Nos han inculcado tanto la frase de que la cara es el reflejo del alma que nos cuesta ver más allá. Sin embargo, mientras observamos fijamente el detalle de un movimiento de nariz, un parpadeo o un levantamiento de cejas para intentar descifrarlo, nos olvidamos de los brazos, las piernas e, incluso los pies, que nos dan infinidad de pistas y, en la mayoría de los casos, nos pueden ahorrar mucho tiempo. Si me preguntan dónde miro primero cuando quiero saber cómo se siente alguien, lo tengo claro: me fijo en su **cuerpo**, que es mucho más difícil de impostar que el rostro y no se somete tan fácilmente al control voluntario.

Esta respuesta no solo la sostengo desde la experiencia profesional, sino que también la respalda la ciencia.

En 2012, un grupo de investigadores de la Universidad Hebrea de Jerusalén, liderado por Hillel Aviezer y en colaboración con Yaacov Trope y Alexander Todorov, publicó un estudio cuanto menos sorprendente en la revista *Science*. El objetivo era determinar si las expresiones faciales por sí solas son suficientes para discernir entre emociones intensamente positivas y negativas. Para ello, los investigadores recopilaron fotografías de tenistas profesionales captadas en momentos de máxima intensidad emocional, como ganar o perder puntos cruciales. Para evaluar la percepción de las emociones, se presentaron estas imágenes a tres grupos de participantes. Al primer grupo se le enseñaba la imagen completa del tenista, cara y cuerpo. Al segundo, solo la cara. Y al tercero, únicamente el cuerpo. ¿El resultado? Cuando los investigadores mostraron únicamente los rostros de los tenistas, con sus expresiones congeladas en momentos de máxima intensidad emocional, los participantes no lograban distinguir si se trataba de una victoria o una derrota. Las caras, por sí solas, resultaban ambiguas. El gesto de quien gana y el de quien pierde, curiosamente, pueden parecerse más de lo que imaginamos.

Sin embargo, cuando se les mostraba solo el cuerpo, sin la cara, la cosa cambiaba radicalmente. Ahí sí acertaban. Las posturas, la tensión muscular, la dirección del torso o de los brazos... todo eso hablaba claro. Y lo más sorprendente vino al combinar los elementos: cuando se mostraban rostros de ganadores sobre cuerpos de perdedores (y viceversa), los participantes no se dejaban engañar por la cara. Era el cuerpo el que mandaba. La interpretación emocional seguía la dirección que marcaban hombros, espaldas y movimientos. No la expresión facial.

A la luz de estos hallazgos, la conclusión fue clara: en situaciones de **alta intensidad emocional**, el cuerpo comunica mejor que el rostro. No porque la cara no exprese emociones, que lo hace, sino porque en esos momentos extremos las señales faciales tienden a ser ambiguas o incluso engañosamente parecidas entre emociones opuestas. Puedes ver a alguien llorar de alegría o de tristeza con una expresión muy parecida, pero la forma en la que su cuerpo se contrae, se expande o se agita te indicará la emoción real. Un tenista que acaba de ganar Wimbledon puede estar con la cara desencajada, los ojos apretados, la boca abierta en un grito... Este primer plano solo del rostro podría hacernos pensar que está sufriendo, incluso que siente dolor. Pero al ver el cuerpo y observar que está dando un salto, con los puños apretados, la tensión proyectada hacia fuera, entiendes que es una explosión de alegría. Sin ese componente corporal, el mensaje emocional queda incompleto, es como si hubieras hecho demasiado *zoom* en una fotografía y te perdieras la información que te proporcionaría si te alejaras un poco y tuvieras una visión más panorámica de la escena.

Y esto no ocurre solo en situaciones de máxima intensidad emocional. A veces, el cuerpo también revela lo que ha aprendido a esconder el rostro durante situaciones crónicas o prolongadas en el tiempo, como ocurre en muchos casos de acoso escolar. Recuerdo el caso de un niño que sufría *bullying* por parte de un compañero de clase. Nunca lo verbalizó. Ante los adultos, mantenía una actitud impecable, educado, sereno, incluso sonriente. Nada en su rostro hacía sospechar que estaba atravesando una experiencia dolorosa. Pero su cuerpo contaba otra historia. Los hombros caídos, la mirada siempre baja, los pies ligeramente girados hacia la puerta del aula... Cada gesto hablaba del deseo de desaparecer, de estar físicamente presente pero emocionalmente lejos.

Este tipo de incoherencia —entre lo que se muestra en la cara y lo que proyecta el cuerpo— es lo que tiene que ponernos sobre aviso. No siempre es necesario que alguien llore o grite para que veas que está sufriendo. A veces, basta con mirar cómo habita su cuerpo. Por eso, el análisis de la corporalidad no solo nos ayuda a detectar emociones intensas, como en el caso del tenista, sino también a captar sutilezas que se esconden en los pliegues del cuerpo.

# TU INCLINACIÓN AL DESCUBIERTO

Tu cuerpo no solo ocupa espacio. También lo señala. Y, sin que te des cuenta, está apuntando constantemente hacia lo que te interesa... o huyendo de lo que no.

Cuando hablamos de «inclinación» corporal nos referimos a la **orientación** física del cuerpo: hacia dónde se dirige tu pecho, tu cabeza, tus pies, es decir, si te inclinas hacia alguien, si te enfrentas con el torso, si los pies apuntan a la persona o a la puerta... Todo eso ya dice mucho.

Por ejemplo, si estás manteniendo una conversación con alguien y notas que, en lugar de tener su cuerpo enfrentado al tuyo, los hombros están a 45 grados, o uno de sus pies ha girado discretamente hacia el pasillo, ¿qué te está diciendo? Pues que, aunque no quiera admitirlo o lo quiera disimular, está más pendiente de marcharse que de escucharte. Eso no significa que no quiera estar contigo, puede tener prisa o cualquier otro motivo para preferir no estar charlando contigo.

**Claves rápidas para evaluar la inclinación**

- ¿El torso te enfrenta directamente? → Interés real, disposición.
- ¿Los pies apuntan hacia ti o hacia la puerta? → Atención o huida.
- ¿Hay simetría entre el cuerpo superior e inferior? → Coherencia.
- ¿Estáis en grupo? Observa hacia quién se inclina la mayoría.

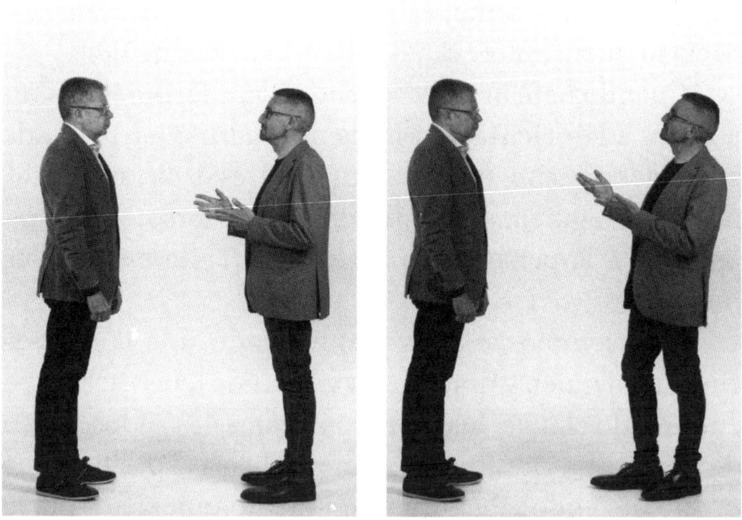

### *Los pies, los grandes chivatos*

No lo digo yo (bueno, sí lo digo, pero también lo decía Joe Navarro): «Los pies son la parte más honesta del cuerpo». ¿Por qué? Porque nadie piensa en ellos cuando intenta controlar su lenguaje corporal. Cuando alguien quiere mostrar interés, se esfuerza en mantener contacto visual, en asentir, tal vez en mover las manos. Pero los pies... los pies van por libre.

Ubícate en esta escena: te cruzas con alguien que conoces y le saludas con efusividad. Él sonríe, responde, parece amable... pero uno de sus pies apunta descaradamente hacia el ascensor. Tú sigues hablando de la vida, de la familia, de ese plan pendiente. Pero él ya no está ahí. Está en otro sitio, solo que aún no ha dado el paso. Si tú sabes leerlo, puedes actuar con inteligencia social. En lugar de retenerlo a toda costa, serás capaz de proporcionarle una salida elegante, «Oye, veo que vas con prisa. ¿Te parece que nos tomemos un café esta semana y hablamos tranquilos?». Le acabas de regalar aire y te va a agradecer el gesto más que si le invitas al café. Has sabido leer su cuerpo sin invadir ni su tiempo ni su espacio.

**¡Cuidado con esto!**

Insistir en hablar con alguien cuyo cuerpo ya ha empezado a marcharse te pone en el radar de los pesados. El cerebro del otro no va a registrar solo tu mensaje, sino también la incomodidad que le generaste. Aunque no lo verbalice, esta sensación puede arruinar futuras interacciones.

Con esta información que tienes sobre los pies, ahora dale la vuelta. Imagínate que estás hablando con alguien que te interesa mucho y, sin embargo, te das cuenta de que uno de tus pies apunta a la puerta. No porque quieras irte, sino porque estás incómodo por otra razón, puede que tu interlocutor tenga mal aliento, por ejemplo. El caso es que tu cuerpo ha lanzado un mensaje que tú no querías dar, y es muy probable que la otra persona lo detecte, ya que sus neuronas espejo no paran de trabajar. Para cambiar su percepción, tendrás que rectificar la postura y asegurarte de que los pies están bien enfocados hacia ella.

### *En grupo: leer el tejido corporal social*

En interacciones grupales, el cuerpo sigue hablando. Fíjate en los ángulos formados entre las personas. ¿Quién está abierto hacia quién? ¿Quién queda fuera del semicírculo? ¿A quién se le da la espalda? Cuando un grupo se siente cómodo, los cuerpos tienden a formar un círculo o una figura cerrada. Cuando hay alguien que no está integrado, se nota enseguida, su cuerpo no forma parte de ese patrón, queda fuera en posición o dirección.

También en estos contextos, la posición de los pies y las piernas sigue siendo clave. Una persona que cruza las piernas mientras está de pie en una conversación muestra que se siente segura, cómoda y sin necesidad de huir. Por el contrario, si mantiene el peso en una pierna y el otro pie empieza a girarse hacia atrás o a la diagonal, probablemente ya esté en otra conversación mental.

# TU ACTITUD CORPORAL: LA BRÚJULA EMOCIONAL DEL CUERPO

Además de la inclinación y la orientación del cuerpo, cuando observamos a una persona, incluso antes de que diga una sola palabra, ya estamos recibiendo múltiples mensajes de su cuerpo. Su postura, su gesto, su tono muscular... nos hablan. A eso le llamamos **actitud corporal**, y es la forma en que el cuerpo expresa una postura emocional ante la vida. Es una suerte de brújula que señala no solo cómo se siente alguien en un momento determinado, sino también si se percibe a sí mismo con seguridad, con valor, con apertura o con miedo. Uno puede ver con claridad si alguien se siente en su sitio, si está empoderado, si ocupa su espacio o si, por el contrario, necesita hacerse pequeño y desaparecer.

En el fondo, lo que la actitud corporal revela es el grado de energía del cuerpo, si está apagado o encendido, si busca esconderse o expandirse. Lo ves todos los días, aunque no te lo plantees así. El que llega a una reunión arrastrando los pies, con los hombros por los suelos y la mirada perdida, transmite agotamiento o derrota. El que entra con el pecho proyectado y la cabeza bien alta, sin decir ni pío, ya está comunicando determinación o alegría.

La emoción se filtra en el cuerpo, y es por eso que cuando estás contento, el pecho se abre y los hombros se relajan. La cabeza se eleva y tu cuerpo gana espacio, como si tuvieras más sitio dentro de ti. En cambio, cuando estás abatido, pasa justo lo contrario, el cuerpo se recoge, el tronco se hunde, los gestos se apagan; en un gesto de protección, los brazos pueden cruzarse, la mirada bajar y los movimientos limitarse. En ese estado emocional, todo se repliega, como una tortuga metiéndose en su caparazón.

**La postura ideal: pecho fuera, cabeza alta**

Colocarte erguido, con el pecho abierto y la cabeza alta, no solo hace que los demás te perciban como alguien más seguro, también te hace sentir más seguro. La ciencia lleva tiempo investigando el vínculo entre cuerpo y mente, y la conclusión es clara: tu postura influye en tu estado emocional, tu energía y tu capacidad de afrontamiento.

En un estudio de 2017, dirigido por Erik Peper, se demostró que los participantes que caminaban en postura erguida experimentaban niveles significativamente más altos de energía y emociones positivas, mientras que los que lo hacían encorvados reportaban más tristeza y cansancio. Algo parecido encontró un estudio de 2009 dirigido por Pablo Briñol: cuando las personas mantenían la espalda recta mientras pensaban en sus capacidades, creían más en ellas que si lo hacían encogidas. Es decir, si piensas «yo valgo» con el cuerpo hundido, dudas; si lo piensas con el cuerpo erguido, te lo crees más.

Y luego están las *power poses*, un concepto popularizado por la psicóloga Amy Cuddy. Su propuesta es sencilla pero potente: adoptar durante un par de minutos posturas corporales amplias, abiertas y expansivas —manos en la cintura, pecho proyectado, barbilla ligeramente alzada—, como si te acabaras de bajar de un podio olímpico o fueras a salir volando con capa y todo. ¿El resultado? Nada despreciable, se ha observado que este tipo de postura puede reducir los niveles de cortisol (la hormona del estrés) y aumentar la testosterona, relacionada con la confianza y la sensación de control.

Ahora bien, hay que ser honestos, científicos españoles han intentado replicar el estudio de Cuddy y no han logrado obtener los mismos resultados. De hecho, al intentar contactar con una de las investigadoras implicadas, esta prefirió no hacer declaraciones al respecto... lo cual, siendo sinceros, resulta como mínimo llamativo. Aun así, el debate sigue abierto, y existen otros estudios independientes que sí apuntan en la misma dirección, respaldando la idea de que la postura corporal puede influir de forma tangible en nuestra química emocional y nuestra autopercepción.

*La dirección de la emoción y el tono muscular*

Como has visto, la postura corporal que adoptamos —ese «estar en nuestro sitio» o ese «hacernos pequeños»— no es solo cuestión de colocación física, sino que es la manifestación visible de una emoción. Y aquí es donde entran en juego dos variables clave que nos ayudan a afinar el análisis del comportamiento: la **dirección** de la emoción y el **tono muscular**. Estas dos pistas nos permiten leer estados emocionales con una precisión quirúrgica, más allá de las palabras.

La emoción no es estática, se mueve, fluye, apunta hacia algún lugar. Y según el lugar adonde se dirija, podemos clasificarla como egocentrada o exocentrada:

- **Egocentrada** significa que la emoción va hacia dentro. La persona está enfocada en sí misma, en su mundo interno. Tiende a cerrarse al entorno. Es el tipo de emocionalidad que encontramos, por ejemplo, en la melancolía, la culpa o la tristeza: el foco está dentro, rumiando.
- **Exocentrada**, en cambio, supone que la emoción se proyecta hacia fuera. El foco está en el entorno, en los otros, en lo que ocurre alrededor. Es típica de emociones como la euforia, el enfado o el entusiasmo. El cuerpo se lanza, sale, irrumpe.

Piénsalo así, alguien puede estar alegre de forma egocentrada, disfrutando, sonriente pero contenido. O puede estar eufórico de forma exocentrada, riendo, hablando alto, saltando, buscando contagiar al mundo su alegría. El contenido emocional es parecido, pero el modo de expresarlo cambia completamente.

La segunda variable que debemos observar es el **tono muscular**, es decir, el nivel de activación del cuerpo. Y aquí distinguimos dos grandes categorías:

- **Hipotonía.** El cuerpo está flojo, blando, sin fuerza. Es la típica postura de quien está triste, resignado, agotado emocionalmente, también de quien está muy relajado. La musculatura no sostiene, se cae. Brazos colgando, hombros hundidos, pasos arrastrados.
- **Hipertonía.** El cuerpo está tenso, duro, activado. La energía sube y el cuerpo responde como si tuviera que pasar a la acción en cualquier momento. Es típico de estados como el enfado, el orgullo o la euforia. Se tensan los brazos, se eleva el pecho, se marca la mandíbula. Todo está listo para reaccionar.

Por último, debemos tener en cuenta una tercera variable fundamental. Si se trata de un contexto **agradable** o **desagradable**. Esta dimensión nos da la clave para afinar aún más la lectura. Imagínate que observas una emoción hipertónica y egocentrada: podrías estar viendo miedo u orgullo. ¿Cómo diferenciarlos? Por el contexto. Una pelea, una discusión, una llamada de atención: contexto desagradable. Un ascenso, una felicitación, una cita deseada: contexto agradable. Por eso, además de observar, es clave ponerse en el lugar de quien estás analizando e interpretar si lo que está viviendo le resulta placentero o incómodo, agradable o desagradable.

Combinando estas tres variables —la dirección de la emoción (egocentrada o exocentrada), el tono muscular (hipotónico o hipertónico) y la sensación de placer (agradable o desagradable)— obtenemos un mapa de ocho cuadrantes que nos permite interpretar con más precisión el estado emocional de los demás.

Importante: este gráfico no aborda emociones concretas, sino estados emocionales generales, más amplios y menos etiquetables. Es decir, cuando colocamos una emoción en un cuadrante —por ejemplo, «ira» en el hipertónico-exocentrado-desagradable— lo hacemos como ejemplo, para que te hagas una idea de cómo se manifiesta ese tipo de energía. Pero no caigas en la trampa de pensar que en ese cuadrante solo puede haber ira. Puede haber frustración, indignación, rabia... En el cuadrante del orgullo, por ejemplo, también puede haber satisfacción, alegría suave o una felicidad que se infla hacia dentro. Lo que define el cuadrante es el patrón de activación, no la etiqueta emocional concreta.

Te puede resultar especialmente útil consultarlo cuando no tienes información verbal o la palabra contradice al cuerpo. ¿Te dice que está bien, pero su postura es blanda y hacia dentro? Sospecha.

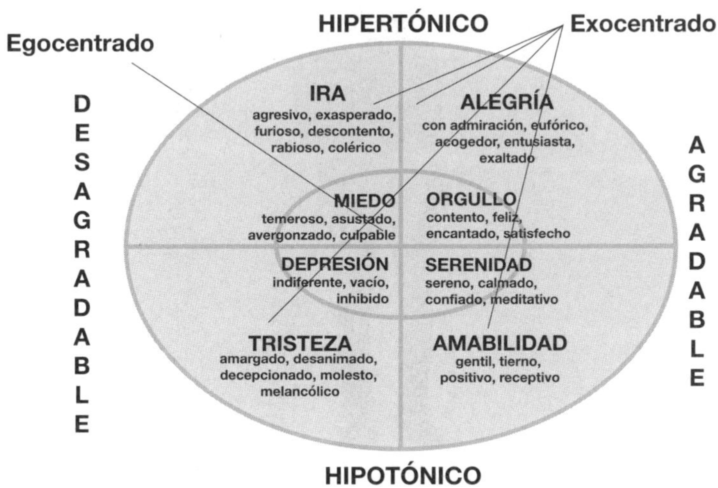

hipertónico-desagradable-exocentrado: IRA

hipertónico-desagradable-egocentrado: MIEDO

hipotónico-desagradable-exocentrado: TRISTEZA

hipotónico-desagradable-egocentrado: DEPRESIÓN

hipertónico-agradable-exocentrado: ALEGRÍA

hipertónico-agradable-egocentrado: ORGULLO

hipotónico-agradable-exocentrado: AMABLE

hipotónico-agradable-egocentrado: SERENIDAD

**Claves para interpretar la actitud corporal**

1. **¿Dónde va dirigida la emoción?**
   a. **Egocentrada.** Hacia uno mismo. Interiorización. Introspección.
   b. **Exocentrada.** Hacia los demás. Proyección. Expansión.
2. **¿Cómo está el tono muscular?**
   a. **Hipotónico.** Cuerpo blando, desactivado. Señala tristeza, rendición, apatía.
   b. **Hipertónico.** Cuerpo tenso, activado. Señala energía intensa, rabia, entusiasmo, defensa.
3. **¿Cómo es el contexto?**
   a. **Agradable.** Es una situación placentera.
   b. **Desagradable.** Es una situación incómoda, que genera rechazo.

### *La expansión corporal: cuando el cuerpo dice «yo mando»*

Seguro que has visto un gato erizado, con el lomo arqueado y la cola como un plumero. O un lagarto que infla el cuello y el pecho cuando se siente amenazado. O un ave que extiende las alas, se hincha y camina como si pesara el doble. La expansión corporal está en el ADN de todas las especies. Es una respuesta primitiva pero altamente eficaz: hacerse grande para imponer, defender o dominar.

En los humanos sucede exactamente igual. El antropólogo David B. Givens, en sus trabajos sobre lenguaje corporal humano y comportamiento territorial —como el que desarrolla en *Love Signals*— describe cómo muchas posturas humanas reflejan instintos muy antiguos. Entre ellos, la tendencia a ensanchar el pecho y adoptar una postura abierta y dominante cuando sentimos que debemos marcar territorio o reforzar nuestro estatus. Es un patrón que compartimos con primates, reptiles y muchas otras especies sociales. Pero, claro, nosotros no somos lagartos, somos animales sociales y, por tanto, la expansión corporal no solo se interpreta como disposición al combate. También expresa otras dos cosas muy humanas: confianza y autoestima.

Para detectar expansión corporal nos tenemos que fijar en todos esos gestos que hacen que ocupemos más espacio:

- Abrir los brazos o las piernas.
- Elevar la barbilla.
- Sacar pecho.
- Apoyarse con firmeza o echarse hacia atrás como si uno tuviera todo el tiempo y el control del mundo.

Más que una postura, podría decirse que la expansión corporal es presencia. Y esta presencia expansiva tiene tres grandes lecturas posibles:

- **Confianza.** El cuerpo proyecta seguridad. Una persona expandida parece que lo tiene claro, que no necesita esconderse ni protegerse. Manda el mensaje de «yo me valgo».

- **Autoestima.** Cuando alguien se siente bien consigo mismo, su cuerpo lo refleja. La expansión es natural, fluida, no impostada. No busca imponerse, simplemente está a gusto en su sitio.
- **Deseo de actuar.** Muy vinculado a la agresividad, al deseo de actuar con violencia.

### Detector de machos y hembras alfa

Una de las grandes pistas que nos da la expansión corporal es la **posición de liderazgo** dentro de un grupo. En animales sociales —y los humanos lo somos—, quien ocupa espacio transmite dominio. Por eso, sin necesidad de hablar, puedes detectar muy rápido quién es el macho (o la hembra) alfa de un grupo.

El término *alfa* proviene del estudio del comportamiento animal y se utiliza para describir al individuo que lidera un grupo, normalmente por su capacidad para imponerse, organizar, proteger o tomar decisiones. En muchos casos se habla de «macho alfa», pero también existen hembras alfa, y no pocas.

Te pongo un ejemplo real de trabajo operativo: en un dispositivo para desmantelar una banda urbana, preguntas quién manda y, cómo no, siempre aparece uno que dice: «El jefe soy yo». Le pides la documentación y colabora, todo en orden... pero tú sabes que no es ese. Mientras tanto, en la parte de atrás, hay otro que no dice nada, que ni se inmuta... pero lo ves. Está con las piernas abiertas, relajado, pecho fuera. Su cuerpo ya habla por él, muestra expansión corporal. La necesidad interna de reconocimiento del liderazgo es lo que provoca que no se esconda ni disimule. Si en lugar de preguntar, primero observas, verás clarísimo quién lleva la voz cantante por su expansión corporal. Sin interrogar a nadie, podrás llamarle directamente, y de pronto ese cuerpo que ocupaba espacio empieza a contraerse. Hombros hacia dentro, piernas más juntas, mirada al suelo. El alfa ha sido identificado... y el cuerpo, sin quererlo, se pliega.

Pero ¿qué ocurre con la expansión corporal cuando hay deseo de actuar? Aquí ya podríamos estar hablando de algo bastante más peligroso que de solo tener seguridad y una gran autoestima. Muy atento, porque lo que te voy a contar ahora te puede ahorrar más de un disgusto. Es lo que yo llamo **tríada de la agresión inminente**, que consiste en tres pasos: emoción negativa, gradación y expansión corporal.

## Emoción negativa

No conozco a nadie que, en un estado de alegría genuina, quiera agredir físicamente (salvo que sufra una alteración mental grave, claro). Si hablamos de emociones negativas, nos estamos refiriendo a personas que están muy nerviosas, muy enfadadas o bajo una carga emocional intensa: frustración, rabia, miedo, vergüenza que no saben gestionar... Lo que sea, pero negativo. Para detectarlo, no hace falta que solo te fijes en si frunce el ceño o suelta improperios, muchas veces, el contexto ya lo dice todo. Una discusión de pareja que se está calentando, un cliente borracho en una discoteca, un chaval que se ha llevado una multa y está encendido... Si el entorno ya es tenso, el cuerpo va a reflejarlo.

## Gradación

La violencia, como casi todo en esta vida, va de menos a más. Es progresiva. Aunque la emoción esté disparada, el cuerpo va mostrando poco a poco los signos de esa escalada. Lo que tienes que buscar son señales fisiológicas de que la activación está aumentando. Aquí va una gradación de la rabia:

1. **Apretar los labios.** Tensión contenida.
2. **Dilatación de las fosas nasales.** El cuerpo se prepara para una explosión muscular. Más oxígeno =

más fuerza. No lo controlas tú, lo hace tu sistema nervioso autónomo.

3. **Palpitación mandibular.** Es la contracción repetida del masetero mientras te miran fijo con cara de pocos amigos. Mala señal.

### Expansión corporal

Y, por último, el paso final: la expansión corporal como antesala del golpe.

Cuando alguien se prepara para actuar físicamente, su cuerpo también lo hace. El centro de gravedad cambia, se planta mejor en el suelo, se abre ligeramente para ganar equilibrio y potencia. A veces es un gesto mínimo, como separar un poco las piernas, flexionar los codos o elevar la barbilla. Pero si sabes leerlo... lo ves venir.

Las señales de la tríada de la agresión inminente no sirven para que juegues a ser héroe. Son para que te anticipes. Cuando detectas esta tríada, tienes poco tiempo, segundos, para actuar: distraer, moverte, buscar a la policía, ganar espacio, lo que sea. Pero jamás, repito, jamás es buena idea encararse. No importa lo que te diga el ego. Toma distancia y busca ayuda.

# LOS EJES DE LA CABEZA

Cuando pensamos en movimientos de cabeza, lo habitual es asociarlos a un gesto afirmativo o a una negación. Pero la cabeza puede girar en varios ejes, y cada uno transmite algo distinto. Algunos reflejan vigilancia; otros, cercanía; y otros, sutiles procesos internos que están ocurriendo mientras la boca dice otra cosa. Aquí vamos a repasar dos grandes ejes.

*El eje horizontal*

Este eje se refiere al giro horizontal leve de la cabeza, como cuando decimos que «no» con un gesto sutil, pero ojo, es leve y estático. Es uno de los más interesantes porque, aunque muchas veces pasa desapercibido, marca distancia o genera conexión sin necesidad de palabras.

Lo que hace este eje es mostrar más una parte del rostro que otra. Y eso importa, porque el rostro no es simétrico ni emocional ni funcionalmente. En el estudio *Facial Asymmetry in Emotional Expression*, Skinner y Mullen ya explicaban que solemos mostrar o esconder el lado izquierdo de la cara, que es más expresivo y emocional, dependiendo de si queremos abrirnos o protegernos. Cuando giramos ligeramente la cabeza, elegimos sin darnos cuenta qué parte de nosotros estamos mostrando al otro.

En la práctica, el eje horizontal **derecho** (es decir, mostramos más el lado derecho de nuestra cara) suele marcar vigilancia, análisis, control o distancia. Es el gesto inconsciente que aparece cuando alguien nos genera dudas. Por ejemplo, te llaman a la puerta para venderte una Thermomix y tú, en piloto automático, sueltas un «ah, vale»..., pero mientras lo dices giras levemente la cabeza hacia la izquierda y muestras más tu parte derecha del rostro. Sin saberlo, tu cuerpo está marcando una barrera: «No estoy convencido».

Desde la perspectiva del otro —el interlocutor atento, el vendedor que sabe leer— esto es una señal de que necesita ganarse tu confianza. Y si hace bien su trabajo, poco a poco ese eje puede moverse hacia el **lado derecho**. Porque cuando empezamos a mostrar más la parte izquierda del rostro, lo que transmitimos es intención de conectar, de acercarnos. Se activa la sintonía. La comunicación se vuelve más cálida.

Este eje no es bueno ni malo. Es una herramienta de regulación relacional. Podemos usarlo de forma voluntaria, por ejemplo, para marcar una distancia necesaria en una negociación o entrevista tensa. Pero también podemos observarlo en los demás para detectar su nivel de implicación o de desconfianza, e ir ajustando lo que decimos o hacemos en consecuencia.

Eje horizontal derecho

Eje horizontal izquierdo

*El eje vertical*

Este eje se refiere al movimiento ascendente o descendente de la cabeza. Es decir, ese gesto tan humano de levantar un poco la barbilla o bajarla hacia el pecho. Lo interesante del eje vertical es que puede aparecer como un gesto breve y fugaz—un toque de barbilla que sube o baja en menos de un segundo— o como un gesto mantenido, que revela una actitud corporal, es decir, una disposición emocional prolongada en el tiempo.

Cuando una persona eleva ligeramente la barbilla, aunque sea solo unos grados, se activa el **eje vertical superior**. Puede indicar orgullo, jerarquía, prepotencia o altivez, como si el cuerpo dijera «estoy por encima». Es una forma no verbal de ocupar más espacio y reclamar estatus. Pero ojo, que no todo es arrogancia. En algunos casos, esa elevación puede estar relacionada con el miedo. Ante una amenaza, el cuerpo también reacciona tensando el cuello y levantando el mentón, como preparándose para lo que venga o, directamente, para ver mejor lo que viene.

Este gesto puede mantenerse como actitud corporal —por ejemplo, alguien que durante una interacción prolongada mantiene la barbilla alta, proyectando una sensación de superioridad o autosuficiencia—, o aparecer solo en momentos concretos, como cuando alguien habla con orgullo de su hijo y, justo al decir «es campeón del mundo de kárate», hace una microelevación de la barbilla... y luego vuelve a su posición anterior.

Cuando el mentón baja y la cabeza se inclina hacia el pecho, activamos el **eje vertical inferior**. Es el gesto universal de la sumisión, la vergüenza o la inseguridad. Es un movimiento de cierre, de protección, casi como si quisiéramos escondernos dentro de nosotros mismos. Y es tan natural que lo usamos incluso en el lenguaje popular «ir cabizbajo», «no bajes la cabeza», «con la cabeza bien alta». Todo eso viene de aquí.

Este gesto, igual que el anterior, puede manifestarse como actitud corporal mantenida —por ejemplo, durante una conversación en la que alguien se siente juzgado o avergonzado—, o aparecer de forma puntual, en una frase que toca algo emocional. Por ejemplo, alguien que cuenta cómo metió la pata en una reunión puede bajar ligeramente la cabeza justo al decir «me equivoqué delante de todos», marcando con su cuerpo la emoción que le genera ese recuerdo.

Eje vertical superior

Eje vertical inferior

### *El eje del* rapport*, el eje lateral*

El eje lateral se refiere a esa leve inclinación de la cabeza hacia uno de los hombros. No hablamos de girar la cabeza, sino de dejarla caer suavemente hacia un lado, como quien se abandona un poco a la conversación.

Algunas escuelas han intentado asociar esta inclinación a características específicas según si el movimiento va hacia la derecha o la izquierda. Pero desde el enfoque que defendemos aquí, lo más útil es observar este eje como un indicador de sintonía emocional. Cuando una persona ladea la cabeza mientras escucha, suele estar reforzando el contacto. No está evaluando, está acompañando.

Este gesto conecta directamente con lo que en psicología social se conoce como la **técnica del espejo**, un mecanismo de imitación inconsciente que fortalece el *rapport* entre interlocutores. Cuando dos personas se gustan, se entienden o están en la misma sintonía, tienden a adoptar posturas similares, incluso en los pequeños gestos. Y uno de los más comunes es que ambos inclinen la cabeza hacia el mismo lado. Es como si sus cuerpos se reconocieran antes que sus palabras.

En cambio, cuando hay tensión, desacuerdo o desconexión, esa simetría desaparece. Las inclinaciones se rompen, los cuerpos dejan de bailar al mismo ritmo. Por eso, observar el eje lateral puede ayudarte a saber si hay conexión real o si, por muy educada que parezca la conversación, cada uno está en su trinchera.

**¿Un marcador corporal de psicopatía?**

Un estudio publicado en *Personality and Individual Differences* en 2024 analizó a 213 mujeres reclusas en Estados Unidos para investigar la relación entre los movimientos de la cabeza y los rasgos psicopáticos. Utilizando un algoritmo de detección automatizada, los investigadores evaluaron la posición y dinámica de la cabeza durante entrevistas clínicas grabadas en vídeo.

Los resultados indicaron que las mujeres con puntuaciones más altas en los test de psicopatía mantenían la cabeza en una posición más rígida, con menos movimiento respecto a su posición promedio, durante las entrevistas. Esta rigidez se asoció tanto con los rasgos interpersonales/afectivos como con los relacionados con el estilo de vida y conductas antisociales de la psicopatía.

Los autores sugieren que esta falta de movimiento podría reflejar una menor resonancia emocional y una desconexión en la interacción social, características típicas de la psicopatía. Estos hallazgos coinciden con observaciones previas sobre el «contacto visual psicopático», caracterizado por una mirada fija e intensa, y respaldan la idea de que ciertos patrones no verbales pueden ser indicativos de rasgos psicopáticos.

# LOS CRUCES DE BRAZOS

Cruzarse de brazos no siempre es sinónimo de estar a la defensiva, aunque este prejuicio sea muy habitual. De hecho, tú mismo puedes hacer la prueba. ¿Cada vez que te cruzas de brazos estás cerrándote al otro? ¿O a veces simplemente estás cómodo e incluso disfrutando? Para comprender de qué tipo de cruce estamos hablando nos tenemos que fijar en cuatro aspectos muy concretos:

- **¿Dónde están las manos?** ¿Se ven o están escondidas? Las manos visibles suelen indicar mayor apertura que las que quedan ocultas.
- **¿Cómo están las muñecas?** Si la muñeca se quiebra formando un ángulo de 90º con respecto al brazo, es muy probable que haya tensión.
- **¿Cómo están las manos?** Si están cerradas como garras o relajadas.

- **¿Cómo están las demás articulaciones?** Cuello rígido, hombros altos, barbilla alzada... todo eso apunta a un cuerpo en alerta.

En los cruces de brazos la tonicidad muscular nos puede dar muchas pistas. Si el cuerpo está en hipertonía (músculos en tensión), ese cruce de brazos probablemente esté cumpliendo una función de defensa o contención emocional, es al que llamamos cruce de **cierre**. En cambio, un cuerpo en hipotonía (músculos relajados) probablemente no esté cerrándose ni marcando distancia, solo descansando, es lo que llamaríamos cruce de **apertura**. Imagina a alguien hablando contigo con los brazos cruzados, las manos ocultas, las muñecas en 90º, la mandíbula apretada y la mirada altiva. Con toda probabilidad ese cruce es un escudo. Pero ahora piensa en otra persona que cruza los brazos de forma relajada, con las muñecas alineadas, sin tensión visible... seguramente se está sintiendo cómoda en la conversación.

Cruce de brazos de cierre, con la muñeca a 90º del brazo.

Cruce de brazos de apertura, relajado.

Y luego están los cruces de **refuerzo,** que no son ni de cierre ni de apertura, sino de énfasis. Los podemos observar cuando alguien afirma «lo que te voy a contar es muy fuerte», y se cruza de brazos como para darle dramatismo al asunto. O en ese gesto de «tela marinera» que hacemos tras escuchar algo increíble. Aquí el gesto sirve para subrayar el discurso, como si nuestro cuerpo nos avisara «atención, esto importa».

**¡Cuidado con esto!**

A veces nos cruzamos de brazos por otros motivos. Existen personas que se tapan la barriga, el pecho o cualquier parte del cuerpo que les genera inseguridad. Y no descartemos el frío como elemento modificador: cuando el ambiente es fresco, el cuerpo tiende a recogerse.

Por último, una recomendación. Aunque cruzarse de brazos no siempre implica una actitud a la defensiva, esta creencia está muy extendida, por lo que si tienes que hablar en público o asistir a una entrevista de trabajo, te recomiendo que no lo hagas. Además, si tienes los brazos cruzados no puedes gesticular... y, como veremos a continuación, hacer gestos con las manos crea conexión con el público y da empaque al mensaje.

# LOS CRUCES DE PIERNAS SENTADOS

El cruce de piernas sentado es un gesto común, pero no siempre fácil de interpretar. Antes de entrar en lo que significa, conviene dejar algo claro, aunque existen diferencias culturales y de costumbre, lo cierto es que los hombres tienden a cruzar las piernas apoyando el tobillo sobre el muslo contrario, dejando la pierna en una posición más abierta, mientras que las mujeres suelen cruzarlas de forma más vertical, con una pierna sobre la otra. Ambas versiones son cruces de piernas y, a efectos de análisis del comportamiento no verbal, cumplen las mismas funciones.

Lo primero que me gustaría dejar claro es que para que un cruce de piernas tenga valor interpretativo debe producirse como acción-reacción a algo concreto: una frase, un gesto, un cambio en la dinámica. Si no podemos identificar ese momento previo que lo provoca, cualquier interpretación será una especulación.

Cuando el cruce se da en respuesta a algo que acaba de suceder, hay que ver si dejo dentro o fuera de mi círculo a mi interlocutor. Si lo dejo dentro del círculo, el gesto comunica comodidad, permanencia, implicación. Es como si el cuerpo dijera «me quedo, estoy contigo». Sin embargo, si ese mismo cruce deja fuera de la burbuja o círculo corporal a la otra persona —por ejemplo, si la parte exterior de la pierna que está por encima apunta al interlocutor—, entonces el mensaje cambia. Aquí el cruce puede actuar como una barrera no verbal, señalando desacuerdo, incomodidad o distancia emocional. Como decía Joe Navarro, «cruzar las piernas es como una declaración de intenciones territorial». Y si el otro queda fuera de ese territorio, el gesto lo dice todo.

Cruce de piernas positivo.

Cruce de piernas negativo.

También conviene prestar atención a los cruces más relajados, como cuando alguien está sentado con las piernas estiradas y los tobillos cruzados. En la mayoría de los casos, esto indica bienestar. El cuerpo se asienta, no anticipa movimiento, y eso suele leerse como una señal de que se está cómodo en el entorno. Es similar al cruce de piernas de pie, transmite tranquilidad.

Cruce de tobillos.

**¡Cuidado con esto!**

Por muy neutro o positivo que sea un cruce de piernas, el contexto manda. En una entrevista de trabajo, por ejemplo, ese gesto puede leerse como exceso de confianza, falta de formalidad o incluso desinterés, sobre todo si se acompaña de una postura corporal poco activa, tronco echado hacia atrás, brazos cruzados o mirada perdida.

# LOS MOVIMIENTOS CON LAS MANOS

¿Por qué gesticulamos? Hay muchas teorías, que si para dar énfasis, que si para reforzar las palabras, que si para iluminar el discurso, enmarcarlo o hacerlo más comprensible. Y todo eso es cierto. Pero hay algo más profundo, incluso cuando estamos solos, también gesticulamos. ¿Nunca te has sorprendido hablando contigo mismo, moviendo las manos como si estuvieras dando una charla? Diversos estudios en neurociencia, como los de Susan Goldin-Meadow de la Universidad de Chicago, han demostrado que los gestos no solo acompañan al habla, sino que facilitan la producción verbal y el acceso a ideas complejas. Es decir, mover las manos activa procesos cognitivos que mejoran la fluidez y la claridad del pensamiento. Gesticular no es solo comunicar mejor, es pensar mejor.

Ahora bien, no todos los gestos funcionan igual. Su

impacto depende de cómo se hagan y en qué zona del cuerpo se muevan. Lo ideal es que los gestos de las manos se mantengan dentro del **«cuadro del pecho»** —desde las costillas flotantes hacia arriba— y que las manos se vean claramente. Una mano oculta no transmite lo mismo que una mano abierta y visible.

Por ejemplo, cuando mostramos las manos como si lleváramos una bandeja invisible —palmas hacia arriba, abiertas, visibles— estamos proyectando sinceridad, transparencia, disposición a compartir. Es un gesto que invita, que abre.

Si colocamos las manos en paralelo, con las palmas enfrentadas entre sí, solemos estar marcando estructura, «vamos a hacer esto, esto y esto». Es un gesto que habla de orden, de acción planificada.

Y luego están esos gestos que contradicen el discurso. Por ejemplo, te dicen «viene Fulanito después del café» y tú respondes con una sonrisa «ah, claro, que venga», pero al mismo tiempo haces con la mano ese gesto de empujar o apartar, como echándolo simbólicamente. Ese gesto es rechazo puro, aunque las palabras digan otra cosa.

Es bueno reseñar que estos gestos con las manos son dinámicos y tienen ritmo dentro del discurso. No se trata de gestos estáticos, fluyen.

# LOS MICROPICORES

Cuando algo nos incomoda, aunque intentemos mantener la compostura, el cuerpo lo sabe. Y a veces lo dice. Uno de los canales más discretos y reveladores a través de los que se manifiesta esa incomodidad son los **micropicores**: pequeñas sensaciones en la piel que provocan movimientos breves y automáticos, como un rascado fugaz o una fricción casi imperceptible.

Desde la fisiología se explica así: ante determinadas emociones, el sistema nervioso autónomo activa cambios en la conductancia de la piel —lo que se conoce como respuesta electrodérmica—, provocando vasodilataciones súbitas en determinadas zonas del cuerpo. Ese cambio rápido en la circulación puede generar una leve sensación de picor. Esto fue observado por Morrow y Urtzunski en sus investigaciones sobre respuestas emocionales y lesiones cerebrales laterales, donde comprobaron cómo estos estímulos internos activaban comportamientos automáticos del cuerpo, como el rascado.

Pero la cosa no queda ahí. Un estudio de Gil Yosipovitch de 2008 demostró que rascarse reduce la actividad en zonas cerebrales asociadas al malestar emocional, lo que refuerza la idea de que ese gesto, más allá de lo físico, sirve para regularnos emocionalmente. Nos rascamos no solo porque algo nos pica, sino porque algo nos afecta.

**¡Cuidado con esto!**

No todos los picores son relevantes. Si una persona tiene una alergia, suda mucho o simplemente tiene un mal día con su jersey, se va a rascar. Para interpretar un micropicor deben cumplirse tres condiciones: que no sea habitual en la persona, que haya un estímulo que lo provoque y que encaje con el resto del comportamiento. Si falta alguna de estas piezas, mejor no interpretarlo.

Aquí te dejo algunos micropicores que he podido observar sistemáticamente en mi experiencia profesional, y que tienen un patrón bastante claro:

### *Rascarse la cabeza*

Cuando alguien se rasca la frente, la coronilla o la parte alta de la cabeza, suele estar intentando encontrar una respuesta o una solución a algo que le genera dificultad. Por ejemplo, si le pregunto a alguien que trabaja conmigo «¿podrías buscar un local para hacer la formación mañana?» y me responde «sí, sí, no te preocupes»... pero al decirlo se rasca la cabeza, lo que está comunicando el micropicor es «esto me va a requerir esfuerzo».

**¡Cuidado con esto!**

No confundas un rascado con una caricia. El rascado es un «no dicho», algo que sale en forma de micropicor al intentar retenerlo. En cambio, la caricia es reguladora (la hago hacia mí para relajarme) o proyectiva (puedo proyectar deseo si la hago mirando a otra persona, por ejemplo, el gesto de acariciarme el pelo).

### *Rascarse el cuello*

Este gesto tiene que ver con incomodidad o contención emocional. A veces lo hacemos porque queremos decir algo y no podemos, o porque sentimos que no podemos ser del todo honestos.

Ekman y Friesen, en sus estudios sobre conducta no verbal, señalaron que el cuello es una zona vulnerable, y que muchas veces nos lo tapamos cuando sentimos amenaza, aunque sea simbólica. Imagina que alguien te pregunta si te gusta su nuevo sofá. Tú, por compromiso, sueltas un «¡me encanta!», pero acto seguido te rascas el cuello. Lo que no estás diciendo en voz alta lo está diciendo tu sistema nervioso.

*Frotarse la parte interna de los ojos*

Rascarse con la yema de los dedos en ambos ojos al mismo tiempo suele ser una señal de que algo nos ha tocado emocionalmente, y que además nos molesta.

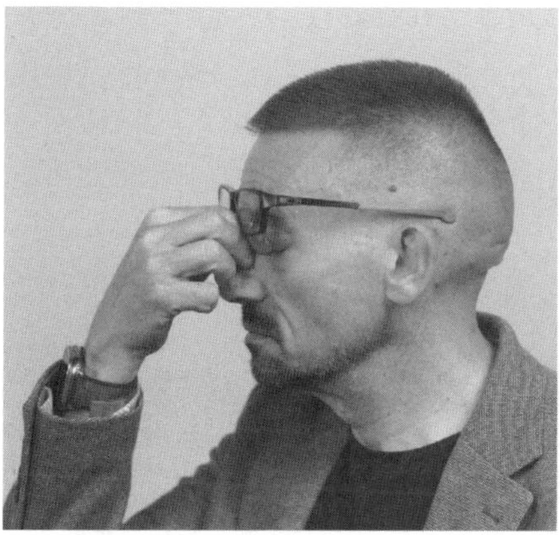

*Rascarse la punta de la nariz*

Cuando alguien empuja hacia arriba la punta de la nariz —a veces con un dedo, a veces con varios— el gesto suele estar cargado de **rechazo**, puede ser hacia lo que se acaba de decir, hacia la situación o incluso hacia la persona que se tiene delante. Como curiosidad, en el movimiento que se hace se suele empujar sutilmente la punta de la nariz hacia arriba.

*Pinzamiento de nariz*

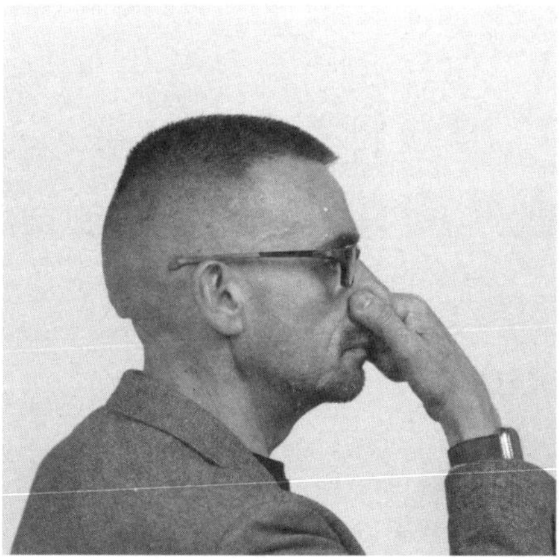

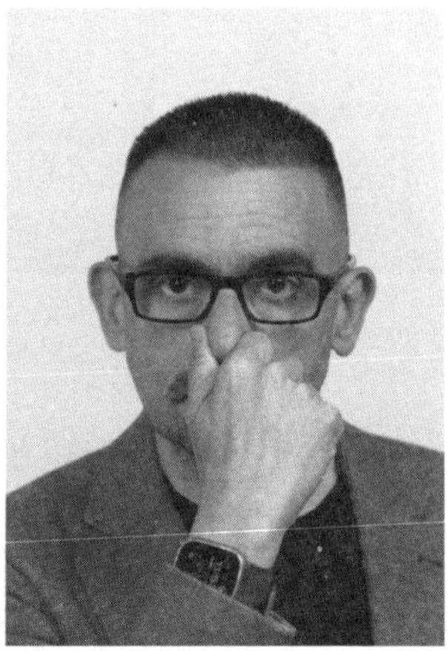

Es uno de los micropicores más significativos y probablemente el que más detecto a diario... hasta en mí mismo. La persona se pellizca ambos lados de la nariz, de forma rápida y en un movimiento descendente, como dibujando un pequeño triángulo invertido. Esta reacción aparece cuando algo no gusta, intuyo problemas o algo no va como debería ir.

Imagínate que eres el jefe de un equipo y preguntas en una reunión cómo va un proyecto. Uno de los asistentes responde que todo bien... pero hace este gesto. Tal vez, si lo ves, convenga que repitas la pregunta en privado, o que des un espacio donde puedan expresarse sin la presión del grupo.

**¿Y qué hay de la mentira?**

La relación entre nariz y mentira tiene más de mito que de ciencia. Es cierto que hay un estudio de 2012 de la Universidad de Granada, liderado por Emilio Gómez Milán, en el que se observó que, al mentir, se produce un fenómeno térmico curioso: la temperatura de la nariz desciende hasta un grado, mientras que la de la frente aumenta en una proporción similar. A esto lo llamaron el *efecto Pinocho térmico*. El experimento se realizó con cámaras termográficas, y aunque es interesante, no es concluyente para aplicar fuera del laboratorio. Sirve para entender cómo responde fisiológicamente el cuerpo en situaciones de carga cognitiva, pero no para ir por la vida señalando narices frías como detector de embustes.

Culturalmente, eso sí, la cosa viene de lejos. Ya en los cuentos infantiles nos enseñaron que al que miente le crece la nariz. Pinocho, el títere con más conflicto moral del mundo, convirtió su apéndice nasal en símbolo universal del engaño. Y en la calle lo decimos sin pensarlo «eso me huele raro», «me huele a chamusquina», «me huele a mentira»... Toda una serie de expresiones donde la nariz actúa como sensor metafórico de la verdad o la falsedad.

Sin embargo, como hemos visto con todos los micropicores analizados, la nariz reacciona a muchas más cosas además de la mentira. Puede indicar sospecha, molestia, duda, tensión, incomodidad... incluso puede responder a algo físico, como un picor real, alergia o sudoración.

Conviene saber que, a día de hoy, no existe ningún indicador físico o conductual que permita detectar la mentira al 100 %. Ni la nariz, ni el parpadeo, ni el sudor, ni siquiera el polígrafo. Lo que sí podemos detectar —y esto sí es útil— son incongruencias entre lo que se dice y cómo se dice, o entre lo que el cuerpo muestra y lo que el discurso intenta sostener. Ahí es donde encontramos pistas, no en las narices frías.

*Rascarse el interior del oído*

Este picor suele manifestarse cuando lo que se está escuchando molesta o incomoda, pero no se quiere expresar verbalmente. Es una forma casi instintiva de protegerse del sonido. Muy parecido, por carga emocional, al picor en la parte interna de los ojos.

**Tapar el receptor**

Las escuelas clásicas de comunicación no verbal —como la línea norteamericana de Ekman— sostienen que, cuando algo nos incomoda, el cuerpo intenta bloquear el canal por el que ha entrado el estímulo. Si lo que nos molesta es lo que vemos, nos rascamos o tapamos los ojos. Si es lo que oímos, nos tocamos o cubrimos la oreja. Si lo que escuchamos (o decimos) nos genera tensión, nos llevamos la mano a la boca. Y si algo «nos huele mal», aparece ese gesto tan típico de frotarse o pinzarse la nariz.

### *Rascarse la nuca*

Aquí el mensaje es más claro aún: **no quiero estar aquí**. La persona se rasca la nuca como forma disimulada de tocar el cuello, pero el trasfondo es el mismo, incomodidad, tensión, ganas de huir. Lo he visto muchas veces en declaraciones, reuniones tensas, o incluso en comidas familiares interminables. El cuerpo está diciendo «sácame de aquí».

# GESTOS ADAPTADORES Y ANCLAJES

Hay gestos que no se hacen para los demás, sino para nosotros. Son pequeños movimientos que nos ayudan a calmarnos, a concentrarnos o a gestionar el estrés. Se conocen como **gestos adaptadores** y, en algunos casos —cuando los entrenamos de forma consciente—, se convierten en **anclajes.**

Un gesto adaptador es cualquier movimiento que el cuerpo genera de forma automática para regular una emoción interna: dar vueltas al anillo, morderse la patilla de las gafas, juguetear con un trozo de papel, mover rápidamente el pie. Los hacemos sin darnos cuenta, pero tienen una función muy concreta, la de ayudarnos a sostener la tensión sin estallar. El concepto de anclaje, en cambio, va un paso más allá, se trata de usar esos mismos gestos, pero entrenados previamente y de forma consciente, para que nos ayuden a recuperar un estado emocional deseado. Es una herramienta muy utilizada en el ámbito de la sofrología, una disciplina que combina técnicas de relajación, respiración y visualización para mejorar el rendimiento físico y mental. En sofrología, uno de los objetivos es asociar un gesto o una sensación corporal concreta a un estado interno de calma, seguridad o enfoque, de forma que luego podamos activarlo en situaciones de estrés.

La técnica es sencilla pero poderosa, realizas una sesión de relajación o meditación, alcanzas un estado profundo de bienestar y justo en ese momento haces un gesto específico —agarrar un objeto, presionar dos dedos o simplemente respirar de una forma concreta—. Repites ese ritual varias veces, siempre en ese estado. Lo que estás haciendo es generar una **asociación** neurosensorial entre el gesto y la emoción. Y más adelante, cuando te enfrentas a una situación difícil, haces el gesto... y el cuerpo recuerda. Otra técnica consiste en vincular el momento justo antes de dormir —ese instante en que todo el cuerpo se relaja— con un gesto concreto, como sujetar un bolígrafo. Después de repetirlo varias noches, ese gesto se convierte en un acceso directo al estado de tranquilidad.

He visto cómo muchos deportistas lo utilizan antes de lanzar un penalti, mientras colocan el balón, hacen el gesto anclado y se reprograman mentalmente para estar en calma. Yo mismo trabajé mi primer anclaje con el pasador de diapositivas. Durante semanas lo utilicé en sesiones de entrenamiento, asociándolo a la sensación de control y seguridad que buscaba antes de hablar en público. Al final, sostenerlo entre las manos me llevaba automáticamente a ese estado, sin tener que pensarlo.

A veces los gestos salen solos y otras se entrenan. Pablo Iglesias, por ejemplo, solía agarrar el bolígrafo con fuerza mientras hablaba. Albert Rivera tenía la costumbre de cogerse el dedo meñique con la otra mano. Otras personas se acarician el brazo o la pierna, se frotan la nuca o se ajustan el reloj. Si ese gesto tiene un ritmo constante y está bien integrado en el discurso, probablemente es un anclaje trabajado. Si es más nervioso o compulsivo, seguramente estamos ante un gesto adaptador espontáneo.

ALBERT RIVERA

PABLO IGLESIAS

Un ejemplo especialmente interesante es el de juguetear con el pelo. He visto a personas hacerlo como forma de mantener la concentración o calmarse en una conversación tensa, ahí está actuando como adaptador. Pero si el movimiento es más lento, más suave, con la palma visible hacia fuera, puede tener un matiz de seducción. En ese caso, el gesto ya no es para uno mismo, sino para el otro. Como siempre, el contexto manda.

# LOS APRETONES DE MANOS

El apretón de manos es un gesto aparentemente simple, pero tremendamente revelador. Aunque su forma concreta es cultural —no se saluda igual en Japón, en España o en Estados Unidos—, hay ciertos elementos que resultan casi universales, sobre todo cuando hablamos de lo que transmite: jerarquía, intención, apertura o rechazo.

Un apretón de manos no se reduce a juntar palmas. Entra en juego quién lo inicia, cómo se realiza el zarandeo, si hay sudor, si la mano va hacia arriba o hacia abajo... Todo comunica algo. Por eso, más vale conocer los distintos tipos de saludos y lo que suelen provocar.

- **Saludo firme.** El estándar. El que deberías usar en la mayoría de las situaciones. Es firme (sin apretar huesos), con un par de movimientos suaves, contacto visual y una sonrisa real. Transmite seguridad, claridad y apertura. Un «estoy aquí, te veo y vamos bien».

- **El quebrantahuesos.** El típico saludo que aprieta tanto que parece un pulso. En algunos entornos —por ejemplo, en zonas rurales de España— se considera señal de efusividad o carácter. Pero, cuidado, si no hay una sonrisa o una expresión amable que lo acompañe, puede interpretarse como una forma de dominancia o desacuerdo. Es un saludo que busca colocarse por encima. Si lo recibes sin contexto emocional, desconfía.

- **La mano de pez lánguida.** Ese saludo blando, flojo, sin fuerza ni intención. Como tocar una esponja húmeda. El efecto que provoca es de rechazo inmediato. Sugiere desinterés, desgana o incluso desprecio, sobre todo si se combina con evitar la mirada. Es útil solo si quieres marcar distancia deliberadamente. Y, ojo, algunas personas tienen este tipo de saludo en su *baseline*. Si ves que su lenguaje corporal general es coherente con esa blandura (poca expresividad, poco contacto ocular...), no lo interpretes como ofensa, sino como rasgo.

- **El saludo lapa.** Te dan la mano... y no te la sueltan. No solo no te la sueltan, sino que siguen subiendo y bajando como si fueran a batir claras. Suele ir acompañado de un discurso largo, muchas veces adulador, y transmite necesidad de atención. Este saludo genera incomodidad por exceso. Indica confianza unidireccional, la otra persona siente cercanía contigo... aunque tú no se la hayas dado.

- **El saludo cóncavo.** La mano forma una especie de cazuelita. Suele ocurrir cuando alguien tiene las manos sudorosas por nerviosismo y, al no tener tiempo de secarlas, intenta minimizar el contacto. Si ves este gesto, interpreta que la persona está tensa, quizá desprevenida. No la juzgues, pero tenlo en cuenta, algo la está poniendo nerviosa.

- **El saludo reforzado.** Se da la mano de forma habitual, pero se añade la otra para reforzar. Puede colocarse encima de la otra mano, o más arriba, en la muñeca, el codo o el hombro. Cuanto más cerca del cuerpo del otro coloques esa segunda mano, más confianza necesitas tener. No lo uses con desconocidos. Bien aplicado, puede ser muy útil para crear cercanía y vínculo rápido.

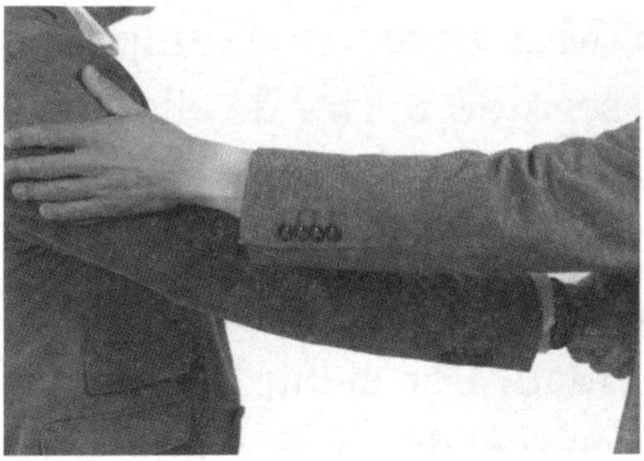

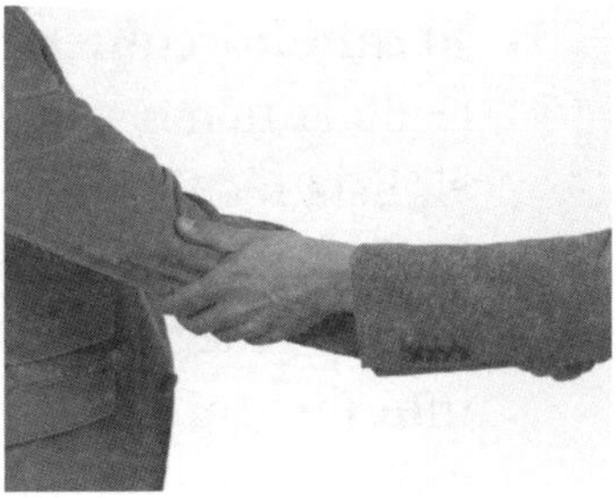

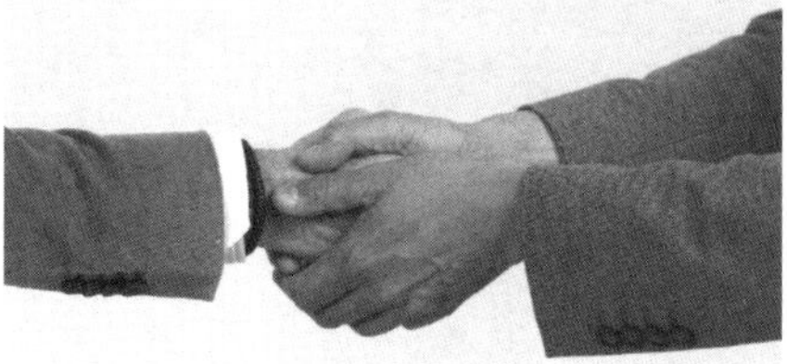

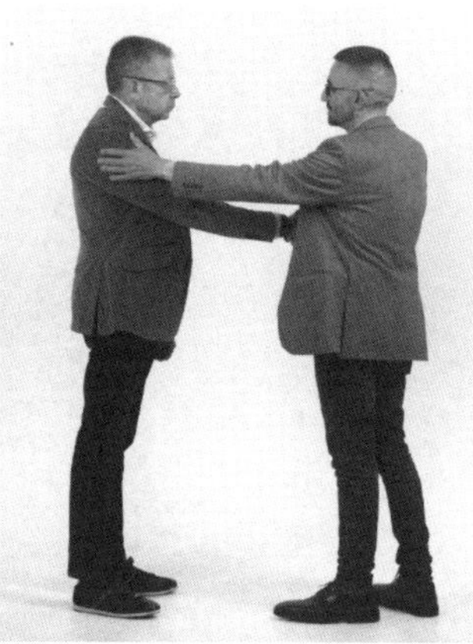

- **El saludo reubicado.** Muy típico en Trump, que te da la mano y acto seguido te tira de ella hacia él. Esta técnica desestabiliza al otro, porque cambia la posición corporal y transmite poder. También puede usarse para reubicar físicamente al interlocutor con suavidad. Por ejemplo, muchas mujeres que no quieren dar dos besos optan por iniciar el saludo con la mano y, al hacerlo, estirar ligeramente el brazo para marcar distancia. Si lo acompañas de una sonrisa, una postura lateral y una colocación clara de los pies, puede ser una forma eficaz de marcar límites sin perder la cortesía.

- **Pronación.** Hay quien al dar la mano gira ligeramente la suya hacia abajo, dejando la palma hacia el suelo. Es un gesto sutil de dominancia. Está diciendo, sin palabras, «yo estoy por encima». Es lo que se conoce como pronación. Se usa conscientemente en contextos de poder: políticos, empresarios o líderes que quieren dejar claro desde el apretón quién manda.

- **Supinación.** Ocurre cuando dejamos la palma hacia arriba, como ofreciendo la mano al otro. Puede ser un gesto de servicio, de apertura... o una táctica para suavizar el terreno. Trump, por ejemplo, suele iniciar el saludo con supinación para parecer amistoso, pero lo remata con el saludo reubicado.

Te estarás preguntando cómo supe que tenía que acercarme precisamente a esa mujer, en medio de aquel zafarrancho de gente. Como seguro ya te has imaginado, no fue casualidad, sino el resultado de observar e interpretar el comportamiento.

Cuando llegamos y vi aquel panorama, supe que no podía enfrentarme al grupo como una masa. Eso habría sido como pegarle una patada a un avispero. Lo que necesitaba era encontrar a la persona adecuada, la líder real, que no necesitara gritar para que el resto le obedeciera.

¿Y cómo se detecta a alguien así? Fijándonos en la actitud corporal. Entre toda la gente que pululaba alrededor, ella destacaba sin abrir la boca. Estaba de pie, en el centro de la escena, mientras otros se movían nerviosos a su alrededor. Su postura era imponente, abierta, sólida, piernas separadas, brazos en jarra, caderas adelantadas y la barbilla un poco alta. Posición Wonder Woman total.

No solo era la postura. También el ambiente. Cada vez que yo decía algo, muchos de los que estaban allí no me miraban a mí. La miraban a ella. Así que el respeto —o el miedo, que a veces se parecen mucho— no lo tenían hacia nosotros. Lo tenían hacia ella. Otra pista más, su rostro. Sereno. Cero nerviosismo. Mientras otros cuchicheaban o miraban de reojo, ella mantenía una expresión tranquila, segura, como diciendo «aquí no pasa nada que yo no permita».

Y luego está el lenguaje silencioso de los grupos. En entornos donde la jerarquía no es oficial, donde no hay galones ni uniformes que indiquen quién manda, la tribu se organiza igual que lo hacía hace diez mil años, por presencia, por señales corporales. Por eso me acerqué a ella. Intuí que, si conseguía su cooperación, el resto seguiría como un rebaño detrás de su pastora.

Cuando me dirigí a ella, no la desafié. Tampoco le ordené nada. Le pedí ayuda. Le reconocí —de forma implícita— su estatus, su valor dentro del grupo. Le di un motivo para colaborar conmigo sin dejarla en ridículo delante de los suyos. Eso es vital en entornos de alta cohesión social, nadie va a obedecer si siente que pierde posición.

¿Y qué pasó? Que aceptó. Y que, en cuanto pidió que desalojaran la casa, sin gritos ni insistencia, el resto la siguió. Aparcar el ego y ceder el control a quien mandaba dio resultado.

# 6
# ENTRENO PARA LA VIDA

> La excelencia es un arte ganado por entrenamiento y habituación.
>
> Aristóteles

Hace un par de años me invitaron a dar una charla en una universidad bastante potente. Tema: ciencias del comportamiento aplicadas al liderazgo. La típica sala moderna, con luz indirecta, pupitres de madera clara y ese aire funcional que tienen casi todos los auditorios académicos. Pero lo interesante no estaba en el mobiliario, sino en la audiencia.

Casi un centenar de chavales entre los veinte y los veinticinco años, futuros psicólogos, criminólogos y politólogos con los ojos muy abiertos y las preguntas a medio cargar. Me gusta ese perfil, todavía no han decidido si creerse del todo lo que están aprendiendo, y eso les da una mezcla de hambre y escepticismo muy útil.

Yo estaba en mi salsa. Con mi presentación ajustada al milímetro, mis anécdotas de campo para engancharles y esa actitud de «esto que te cuento no es teoría, lo he vivido». Y, la verdad, funcionaba. Veía sus miradas atentas, las cejas levantadas, esos microasentimientos casi imperceptibles que indican interés genuino. Iba lanzado. Hasta que intervino ella.

Fila tres, algo ladeada hacia la izquierda. Pelo recogido en un moño informal, bolígrafo girando entre los dedos. Llevaba toda la charla observándome con una mezcla de curiosidad y juicio, como quien escucha, pero también evalúa si estás vendiendo humo o algo real. Cuando abrí turno de preguntas, su brazo subió al instante, sin dudar. Ya solo eso me llamó la atención. No miró a sus compañeros, no esperó a ver si alguien más preguntaba. Lo tenía claro.

—Una cosa —dijo, cruzando los brazos sobre el pecho—. Todo esto que explicas suena muy bien... pero parece que es fácil decirlo después de que ya ha pasado todo. ¿No crees que es distinto cuando estás dentro del problema?

El tono no fue ofensivo. Fue peor, condescendiente. Una ceja ligeramente arqueada, barbilla proyectada hacia delante, microfruncimiento en el entrecejo sin tensión en los párpados. Y lo que más me llamó la atención: parpadeo casi nulo. Estaba en control, totalmente en control.

Aquello no era una pregunta. Era un reto. Era un «te estoy mirando, a ver si eres coherente». Y, claro, en mi cabeza se activó el piloto automático: mi leoncito interior se puso nervioso. Ese que quiere proteger el orgullo profesional, que odia ser cuestionado en público y que a veces se disfraza de ironía para defenderse. Durante una fracción de segundo sentí cómo se me tensaba la mandíbula y se me aceleraba ligeramente el pulso. Era la microrreacción de «tengo que dejar claro quién manda aquí». Pero por suerte, justo antes de abrir la boca, algo dentro de mí frenó el impulso. Una voz interna, más entrenada, más madura, me susurró «es justo ahora cuando te examinas de verdad». Y respiré.

No respondí con sarcasmo. Ni con superioridad. La miré, asentí despacio y reformulé mi respuesta desde otro sitio. Desde el respeto y la estrategia, no desde la herida.

Esa noche, mientras volvía en coche, me hice la pregunta clave ¿quién habría hablado si no me freno? ¿El profesional entrenado... o el saboteador con galones? ¿El tipo que busca generar conexión... o el seductor herido que necesita aprobación? Y ahí entendí algo básico, no puedes influir si no sabes desde dónde estás hablando. Si no sabes qué emoción te lleva al volante. Si no entrenas tus propios monstruos antes de intentar entender los de los demás, puedes meter la pata.

# CONÓCETE O LÍALA

«Pero ¿tú te has oído? Estás a punto de reventar la reunión y ni siquiera sabes por qué estás tan cabreado.» Aquella frase me la soltó un compañero mientras salíamos de una sala en la que, por poco, no acabamos a gritos con nuestros superiores. Estábamos negociando una coordinación entre unidades y yo había entrado con el ceño fruncido, tono seco y mandíbula apretada. No me había dado cuenta, pero llevaba un mosqueo de fondo desde la mañana por un tema personal. Ni rastro de objetividad. Ni rastro de estrategia. Si no llega a ser por esa colleja verbal, habría arrastrado a todo el equipo en mi espiral de «me da todo igual». Aquello me hizo pensar en lo que tantas veces vemos: gente que quiere influir en otros, pero no es capaz ni de descifrarse a sí misma. Quieren ganar discusiones, liderar equipos, ligar en un bar o conseguir un ascenso... sin saber si en ese momento tienen dentro a un búfalo, a un ratón o a un tipo medianamente racional.

### *El DAFO emocional: ponles nombre a tus bichos*

Antes de lanzarte a entender a los demás, toca enfrentarte al espejo. No solo al físico, sino al emocional. ¿Qué miedos te detonan? ¿Qué reacciones se te escapan? ¿Cuál es tu estilo cuando estás bien y cuál cuando estás mal? Una herramienta útil (y algo gamberra) para detectar esto es el **DAFO emocional personal**. Sí, como el típico análisis de fortalezas y debilidades que hacías en clase... pero contigo como sujeto de investigación. Haz esto:

- **Debilidades.** Enumera tus detonadores emocionales. Por ejemplo, no toleras que te interrumpan o saltas cuando te cuestionan en público.
- **Amenazas.** ¿En qué contextos tiendes a perder el control? ¿Reuniones con tu jefe? ¿Cuando te sientes evaluado?
- **Fortalezas.** ¿Qué emociones gestionas bien? ¿Sueles mantener la calma en conflictos?
- **Oportunidades.** ¿Dónde podrías mejorar? ¿Qué técnicas de regulación te funcionan?

| DEBILIDADES | AMENAZAS |
|---|---|
| | |
| **FORTALEZAS** | **OPORTUNIDADES** |
| | |

Y aquí viene lo más divertido, ponles nombre a tus bichos. No te cortes. A tu parte insegura puedes llamarla «el leoncito», esa que ruge mucho, pero en el fondo tiembla. A tu parte pasivo-agresiva, «la bibliotecaria vengativa» (si te ha caducado la fecha de un préstamo de la biblioteca, sabes de lo que te hablo). Dale un nombre a tu impulso más traicionero. Llámalo como quieras: «el saboteador», «el apurón». Cuanto más concreto, mejor. Porque cuando vuelva a aparecer —y volverá— no te pillará desprevenido. Te animo a que pienses en un nombre porque está demostrado que funciona, cuando les pones nombre y cara a tus estados internos, puedes anticiparlos, detectarlos y reírte un poco de ellos. Y eso reduce su poder sobre ti.

### *Tú eres tu peor vendemotos (si no te entrenas)*

Uno de nuestros grandes problemas es que nos creemos todo lo que sentimos. Pensamos que tener miedo es señal de que algo es peligroso, que estar nervioso antes de hablar en público significa que no estamos preparados, que, si alguien nos cae mal, es porque es idiota. Error.

Tus emociones son información, no instrucciones. Pueden estar influenciadas por el sueño, el hambre, el contexto... o por un recuerdo que ni siquiera sabes que se ha activado.

Por eso, lo primero que necesitas es escuchar sin obedecer. Es decir, entender que estás sintiendo una emoción, pero que no tienes por qué actuar en función de ella.

Puedes notar miedo sin tener que salir corriendo. Puedes sentir enfado sin necesidad de estallar. Puedes darte cuenta de que estás incómodo sin tener que desaparecer.

Y ahí entra una técnica de oro, la del **«¿qué le dirías a un amigo?»**, que ha sido estudiada por el psicólogo Ethan Kross. Es decir, cuando te veas metido en una paranoia interna, frena y haz el esfuerzo de pensar qué consejo le darías a alguien en tu lugar. *Spoiler*: probablemente no le dirías que se deje llevar por la mala leche o que huya en cuanto note ansiedad. Llevamos puestas las gafas del «yo» y eso distorsiona. Pero solemos ser bastante más lúcidos con los demás, vemos sus errores con más facilidad, analizamos sus situaciones con más perspectiva y damos consejos que nosotros ni nos planteamos aplicar.

**¡Cuidado con esto!**

No confundas autoconocimiento con autoflagelación. Conocerte no es hacerte una lista de defectos. Es saber cómo funcionas para poder corregir el rumbo, no para quedarte rumiando lo mal que lo haces. Esto va de eficacia, no de penitencia.

### *El piloto automático emocional*

Buena parte de nuestras decisiones diarias no pasan por el filtro racional. Ni listas de pros y contras ni análisis DAFO. Simplemente sentimos que algo es lo correcto... y luego buscamos la forma de justificarlo para no parecer unos impulsivos con carnet. ¿Te ha pasado? Lo decides en dos segundos y luego te inventas una historia que suene convincente. Pues eso, bienvenido a la naturaleza humana.

Esto ocurre porque el inconsciente emocional lleva las riendas más de lo que creemos. Es veloz, intuitivo y suele acertar... hasta que no. ¿Te acuerdas de los dos sistemas de pensamiento? Pues eso, cuando está en calma, el pensamiento rápido e intuitivo puede ser un aliado brutal. Pero cuando estamos cansados, estresados o con las emociones disparadas, ese piloto automático empieza a patinar. En lugar de leer bien la carretera, se traga señales, confunde curvas y se mete en rotondas sin mirar. Y lo peor es que, en ese estado, creemos que estamos tomando la mejor decisión posible. *Spoiler*: no lo estamos haciendo.

Te presento otro sesgo del que aún no te había hablado: el **sesgo del momento emocional** (*emotion-congruent judgment bias*). Estudiado por investigadores como Jennifer Lerner y sus colegas de Harvard, se refiere a la tendencia a tomar decisiones o emitir juicios influenciados por el estado emocional actual, aunque no tenga nada que ver con lo que estás evaluando. Una conversación tensa, un mal día en casa, una mirada que nos incomoda... y de repente juzgamos a alguien o tomamos una decisión con la emoción hablando por encima de la lógica. ¿La solución? No se trata de apagar las emociones, sino de conocerse lo suficiente como para detectar cuándo están copando por completo nuestra racionalidad.

**El color de la emoción en tus decisiones**

Imagina que te sientan frente a un ordenador. Te muestran una escena que te enfada, alguien siendo injusto contigo, alguien que te hace perder los nervios. A otro grupo, en cambio, le enseñan una escena que genera miedo, una situación de amenaza, algo que te encoge el cuerpo. Y a un tercer grupo, neutro, no le enseñan nada especial.

Después, a todos les hacen la misma pregunta: «¿Qué probabilidades crees que hay de que ocurra un atentado terrorista en tu país?».

Aquí viene lo interesante, las respuestas no dependen de la lógica, de los datos ni de la información que se tenga sobre terrorismo. Dependen de la emoción que se acaba de sentir.

- Los que habían sentido enfado respondieron con más despreocupación: creían que el riesgo era bajo.
- Los que sintieron miedo percibían el riesgo como mucho más alto.
- Y los del grupo neutro se quedaban en un punto intermedio.

Este experimento, dirigido por Jennifer Lerner y su equipo en Harvard, demostró cómo nuestras emociones tiñen nuestras decisiones, incluso cuando no tienen nada que ver con lo que estamos valorando.

¿Y por qué pasa esto? Porque no todas las emociones negativas funcionan igual. Tanto el miedo como el enfado activan el cuerpo, pero generan interpretaciones del mundo muy distintas:

- El miedo se asocia con incertidumbre y sensación de falta de control. El entorno se percibe como impredecible, y uno mismo como más vulnerable.
- El enfado, en cambio, genera una sensación de certeza, control y claridad. Además, lleva a atribuir la culpa a otros, lo que disminuye la percepción de vulnerabilidad personal.

Dicho de otro modo, sentir miedo te hace más precavido, porque ves el mundo como una amenaza difusa. Sentir enfado te hace minimizar el peligro, porque lo ves todo más claro, más externo, más controlable. Este fenómeno se explica porque cada emoción activa un patrón específico de pensamiento. Y cuando ese patrón entra en juego, no solo cambia cómo te sientes, cambia cómo juzgas y decides. Es más, en estados de enfado intenso, puede aparecer lo que se llama un secuestro emocional, la amígdala toma el control y reduce la capacidad del cerebro racional para evaluar riesgos. El resultado es una sensación de poder artificial que nubla el juicio.

Por lo tanto, la próxima vez que te veas muy seguro de algo mientras estás enfadado... quizá sea el momento de parar y pensar si estás viendo el mundo como es o como lo pinta tu emoción.

# DI «NO» SIN PARECER UN BORDE

Dar una negativa parece fácil... hasta que hay afecto, jerarquía o miedo al conflicto de por medio. Nos han enseñado que negar algo es cortar el rollo, rechazar o cerrar puertas. Pero no es así. Si se hace bien, es una de las formas más claras de respeto, tanto hacia ti como hacia el otro. Un «no» bien comunicado no rompe la relación, la ordena. Es poner límites con elegancia. Cuando siempre estás cediendo, te acabas sintiendo invisible o explotado. En cambio, un no honesto, claro y tranquilo muestra solidez, criterio, y genera confianza. Nadie quiere cerca a alguien que siempre asiente por miedo.

### *El valor de un buen «no»*

En situaciones complejas —negociaciones, trabajo en equipo, relaciones personales— saber decir no es un superpoder. Da dirección, filtra lo innecesario y, sobre todo, evita que termines haciendo lo que no quieres solo por evitar un mal rato. Decir «sí» por miedo es ceder terreno; decir «no» con calma es tomar el timón.

Para decir «no» sin drama, te recomiendo seguir estos cuatro pasos que, al menos a mí, me funcionan de maravilla. No te hablo solo desde la experiencia de campo, sino también desde enfoques que tienen respaldo científico y clínico. Estos principios se alinean con lo que propone la psicología asertiva, una corriente desarrollada a partir del trabajo de Manuel J. Smith, autor de *When I Say No, I Feel Guilty*, 1975, y que hoy en día se enseña como parte del entrenamiento en habilidades sociales y regulación emocional. También están muy en la línea de la comunicación no violenta (CNV), el modelo de Marshall Rosenberg, que insiste en la importancia de expresar necesidades y límites sin atacar ni desconectarse del otro.

1. **Valida primero.** Antes de soltar el «no», demuestra que has escuchado. Frases como «entiendo lo que estás pidiendo» o «tiene sentido que lo necesites» abren la puerta emocional. Bajan la tensión y evitan que el otro sienta que lo estás rechazando a él, en lugar de a su petición.
2. **Di que «no» con claridad, sin justificarte de más.** No tienes que montar una excusa larguísima ni sonar culpable. Basta con ser directo y respetuoso: «no puedo», «esta vez no me encaja», «no llego». Cuanto más te enrolles, más te enredas.

3. **Ofrece una alternativa (si puedes).** No siempre es posible, pero si tienes una opción que pueda servir, lánzala. Eso convierte tu negativa en algo útil. «Hoy no puedo, pero mañana sí», o «yo no soy la persona, pero puedes hablar con X».
4. **Cuida el tono.** No necesitas levantar la voz ni sonar seco. Un tono sereno, bajo, sin tensión es lo que da firmeza de verdad. No es la dureza lo que marca el límite, sino la coherencia entre lo que dices y cómo lo dices.

Una amiga me contó una anécdota hace poco que ilustra muy bien cómo funciona todo esto en la vida real. Ella es enfermera en un hospital público, de esas que encadenan guardias como si no hubiera un mañana. Y, claro, a veces esas guardias te caen en medio de un cumpleaños familiar, una comunión o ese fin de semana que llevas meses esperando. El caso es que una compañera nueva del equipo —recién llegada, simpática, muy dicharachera— se le acercó con cara de apuro y le soltó:

—Oye, ¿te importaría cubrirme este sábado? Me ha salido un plan con mi pareja, algo especial, y... bueno, me harías un favor enorme.

Mi amiga llevaba una semana machacada, turnos de doce horas, cambio de planta, pacientes difíciles. Y lo último que le apetecía era regalar otro día de su vida al hospital. Pero tampoco quería crear mal rollo con alguien que acababa de aterrizar en el equipo. Así que respiró, la miró con calma y le respondió:

—Entiendo que te apetezca desconectar, y más si ya lo tenías medio planeado. A todas nos viene bien un respiro.

La otra asintió, un poco más tranquila. Y entonces mi amiga remató:

—Pero este sábado no puedo cubrirte. Estoy fundida y necesito descansar. ¿Te parece si lo hablamos con el resto del equipo y buscamos otra solución?

No solo no se molestó. Al contrario, le dio las gracias por decírselo así, con claridad y sin tensión. Si muestras comprensión antes de negar, el «no» deja de sonar a portazo y empieza a sonar a conversación adulta.

### *Buscar el «no» (sí, has leído bien)*

Una de las técnicas más efectivas —y contraintuitivas— en cualquier interacción tensa es formular preguntas que inviten al otro a decir «no». Aunque suene raro, el «no» no bloquea, libera. Cuando alguien dice «no», se siente más seguro, más en control. Baja la guardia porque siente que está al mando, y ahí es donde tú puedes maniobrar con más libertad.

Por ejemplo, en vez de lanzar un «¿te parece bien que lo hagamos así?» (que suena a buscar aprobación y puede generar presión), prueba con:

- «¿Estarías en contra de que lo hiciéramos de esta manera?»
- «¿Sería una locura pensar que podemos aplazarlo una semana?»

- «¿Te parecería inaceptable que lo revaluáramos mañana en frío?»

Este tipo de preguntas sorprenden, relajan la tensión y abren margen para negociar sin que parezca que estás forzando nada. Son una manera sutil de hacer avanzar la conversación mientras el otro siente que sigue eligiendo.

### *El sándwich de honestidad*

Una técnica sencilla pero potente para decir que «no» sin parecer un borde es el llamado *sándwich de honestidad.* Consiste en envolver el mensaje difícil, el «no», entre dos afirmaciones auténticas, positivas y con intención constructiva. Por ejemplo: «me encanta trabajar contigo, pero en este caso no puedo asumir ese encargo. Quiero asegurarme de que no bajo el nivel por comprometerme de más.»

Aquí hay tres capas: reconocimiento del vínculo, expresión clara del límite y reafirmación del respeto mutuo. Esto transmite integridad. Y evita la trampa habitual de decir que sí por quedar bien... y luego fallar.

**¡Cuidado con esto!**

Si suavizas tanto tu negativa que el otro no la entiende... no has dicho «no». Has lanzado una frase ambigua, y en la cabeza del otro eso puede sonar a un «quizá», a un «más adelante» o directamente a un «sí» disfrazado. Usar rodeos o evasivas es cómodo en el momento —evitas el mal trago, te quitas la tensión de encima—, pero a medio plazo suele generar confusión, malentendidos o falsas expectativas. Y lo peor, cuando finalmente el otro se da cuenta de que no va a pasar lo que creía, la decepción es mayor.

# EL BALANCE SOCIAL: CAE BIEN SIN EMPALAGAR

Encajar sin forzar. Conectar sin invadir. Ser uno mismo sin hacerse invisible. Lo que aquí llamamos balance social es esa habilidad fina de estar presente sin desentonar, de entrar en un grupo nuevo sin llamar demasiado la atención, pero al mismo tiempo, sin pasar desapercibido. Establecer relaciones sanas, en el contexto que sea, requiere algo más que caer simpático. Se trata de leer el terreno, ajustar el volumen de tu personalidad y saber dosificar tu presencia. Es encontrar el punto exacto entre hacerse notar y no molestar. Ni ser el que lo ocupa todo, ni el que no deja huella.

No hay que ser el alma de la fiesta, pero tampoco el cadáver del velorio. Caer bien no va de hablar mucho ni de ser el más ocurrente, sino de transmitir seguridad sin prepotencia, interés sin empalago y cercanía sin asfixiar. Ese equilibrio —ese balance— es lo que permite influir sin imponer, conectar sin arrastrarse y destacar sin pisar. Y sí, se entrena. Como todo lo que importa.

### *Saber entrar: la sutil ciencia del primer impacto*

Las primeras impresiones pesan más de lo que nos gustaría. No lo deciden todo, pero pueden inclinar la balanza desde el primer minuto. Entras a un grupo nuevo o te sumas a una conversación ya empezada, y antes de que abras la boca, ya has dicho mucho: tu postura, tu expresión, tu forma de mirar, incluso tu forma de respirar. No se trata de entrar pisando fuerte ni de disimular nervios con sobreactuación, sino de encontrar ese punto justo en el que no buscas aprobación, pero tampoco te aíslas.

Casi nada es verbal: hombros sueltos, mirada que acompaña sin invadir, sonrisa que no parece de anuncio, tono que no suena a teatro. Si entras calibrando bien tu energía y leyendo el ambiente, ya llevas medio partido ganado. Lo demás viene solo.

**Las (rápidas) primeras impresiones**

Un estudio de 2006 dirigido por Janine Willis y Alexander Todorov reveló que las personas se forman una primera impresión al ver una cara desconocida en apenas una décima de segundo. Sí, has leído bien: 0,1 segundos. Ni una frase, ni un gesto completo, ni siquiera un «hola». Solo una mirada fugaz. Y, en ese microinstante, el cerebro ya ha hecho una especie de resumen emocional del otro, ¿me gusta?, ¿me da confianza?, ¿es una amenaza?

¿En qué se basa ese juicio exprés? En dos factores clave: competencia y calidez. O dicho de otro modo, queremos que la otra persona parezca capaz y amable a la vez. Si solo percibimos competencia, puede parecer arrogante o fría. Si solo transmite calidez, puede parecer blanda o poco solvente. El equilibrio es lo que genera afinidad y respeto.

Esto no significa que estés condenado por cómo te ven al segundo cero, pero sí que la entrada cuenta. Y mucho. Tu expresión facial, tu postura, tu forma de mirar y moverte ya están enviando señales. Mejor que lo hagan a tu favor. Porque aunque luego puedas corregir o matizar esa primera impresión, lo cierto es que suele marcar el tono del vínculo. Y a veces, una conexión se gana —o se pierde— antes de que suene la primera palabra.

**¡Cuidado con esto!**

La sobreexposición puede parecer simpatía, pero a menudo genera el efecto contrario: el rechazo. Cuando te centras demasiado en ti mismo, ya sea hablando constantemente de tus logros, interrumpiendo a los demás o haciendo chistes sin parar, corres el riesgo de caer en un comportamiento agotador. Aunque en principio puede parecer que estás ganando simpatía, al final tu presencia se percibe como invasiva y hasta egocéntrica. Las personas necesitan espacio para compartir también sus pensamientos y emociones.

### *Estilos de interacción: una mirada rápida*

A veces, la forma en que interactuamos con los demás puede parecer tan natural y fluida que no nos damos cuenta de qué mensaje estamos enviando. Pero conocer tu propio estilo relacional no solo te ayuda a comprender cómo te perciben, sino también a ajustar tu comportamiento para conectar mejor con los demás. Hay tres estilos principales que a menudo se observan, aunque no son rígidos, son más bien una orientación general que puedes adaptar según el contexto.

#### El seductor

El seductor es el tipo de persona que entra a una habitación y de inmediato llama la atención. Sabe cómo hacerse notar, tiene carisma, es persuasivo y, en general, es bastante atractivo en sus interacciones. Sin embargo, el peligro de este estilo es que, si no se equilibra bien, puede percibirse como manipulador o interesado solo en su propio beneficio. La clave para un seductor exitoso es mostrar un interés genuino en los demás y evitar que tu encanto se convierta en una fachada para tus propios fines. Si no, corres el riesgo de parecerte al tipo que se pasa todo el tiempo buscando oportunidades para hacer chistes sobre sí mismo. ¡No seas ese tipo!

### El sintónico

El sintónico es el rey de la empatía. Tiene una increíble habilidad para conectarse con los demás, escucha atentamente y sabe cómo adaptarse a diferentes situaciones. Este tipo de persona suele generar confianza rápidamente y es el amigo o colega al que todos recurren cuando necesitan alguien que entienda sus problemas. El sintónico sabe que no se trata de brillar con luz propia, sino de iluminar a los demás. Este estilo suele ser muy efectivo, pero tiene un peligro: si no se establece un buen límite, el sintónico puede acabar absorbiendo demasiado de los problemas ajenos. A veces, es como si estuviera diciendo: «¿Quieres que te escuche? Estaré aquí hasta que me pongas a prueba como terapeuta». En resumen, el sintónico necesita ser tan empático con los demás como consigo mismo.

### El vigilante

El vigilante es más reservado. Es el tipo que analiza antes de hablar y prefiere observar antes de actuar. Si bien a veces puede parecer distante o frío al principio, quienes logran superar esa barrera suelen encontrar una profundidad de pensamiento y lealtad que no es fácil de igualar. El vigilante es excelente para las relaciones a largo plazo porque se toma su tiempo para conocer a las personas y valorar las interacciones más allá de la superficie. Sin embargo, el desafío de este perfil es que, por miedo a ser malinterpretados, pueden parecer desconectados o incluso desinteresados al principio. Si eres un vigilante, probablemente habrás tenido esa conversación en la que todo el mundo habla sobre algo trivial y tú te quedas ahí pensando «¿en serio, esto es lo que estamos discutiendo?». Tu mente tiende a ir más allá, pero no siempre encuentras el momento perfecto para expresarlo. Es importante entender que, aunque la profundidad está bien, a veces también hay que saber entrar en la conversación de forma más ligera.

Lo ideal es poder leer el ambiente y ajustar el volumen de tu personalidad. A veces es necesario ser más extrovertido, otras veces más vigilante. Y en ocasiones, lo mejor es callarse un poco y simplemente escuchar.

**Claves para caer bien sin empalagar**

- Haz preguntas reales, no por cortesía. El interés genuino se nota.
- Dosifica tu anécdota: no todo momento es ideal para contar tu historia. (Recuerda que debemos de escuchar en un 80 por ciento y hablar en un 20 por ciento para hacerlo bien.)
- Lee las señales no verbales del otro, ¿se relaja contigo?, ¿te responde con apertura?
- No tengas miedo al silencio breve, a veces es cuando nace la conexión auténtica.
- Cuida tu ego, hay una gran diferencia entre mostrar seguridad y buscar validación constante.

# RESPONDE CON CALMA CUANDO TODO ARDE

Cuando la tensión sube, el cuerpo entra en modo supervivencia: o atacas, o huyes, o te congelas. Es automático. Estas respuestas están profundamente arraigadas en nuestra biología, diseñadas para enfrentarnos a peligros inmediatos. Sin embargo, lo que nos sirve para sobrevivir en la selva o ante una amenaza real no siempre es útil en un entorno social o profesional. En una reunión de equipo, una discusión de pareja o un conflicto con un cliente, reaccionar impulsivamente puede empeorar las cosas. La clave está en entrenar la pausa, eligiendo la respuesta de forma consciente, en lugar de dejarte llevar por el primer impulso.

La diferencia entre un desenlace negativo y uno positivo en estos momentos críticos a menudo se encuentra en esa fracción de segundo en que decides cómo responder. En lugar de responder con un ataque, o de simplemente evitar el conflicto, puedes optar por una respuesta pensada que desactive la escalada emocional y te permita mantener el control de la situación.

### *La técnica del efecto sorpresa*

Cuando todo apunta a que la cosa va a explotar —una discusión, un insulto, una situación al borde del conflicto—, a veces lo mejor es evitar plantar cara o salir corriendo. A veces lo mejor es romper el patrón. Ahí entra en juego el **efecto sorpresa**.

Esta técnica consiste en responder de una forma tan inesperada, creativa o fuera de guion que descoloca completamente al otro. No se trata de hacer el payaso ni de quitarle importancia al problema, sino de introducir un giro que frene en seco la escalada emocional. Cuando el cerebro espera tensión y recibe humor, absurdo o ternura, se rompe el circuito de la bronca y de pronto hay espacio para pensar antes de actuar.

Tengo un compañero —de esos que tienen muchas tablas— que estuvo destinado una temporada en Torrevieja. Era de complexión grande, un tío grandote, de esos que imponen sin necesidad de decir ni pío. Pues bien, cuando había algún detenido especialmente tenso, era bastante habitual que le soltasen un «¡gordo de mierda!» como saludo. Y él, sin pestañear, tenía una técnica que era oro puro. Se giraba muy despacio, le clavaba la mirada... y salía corriendo hacia el detenido como si le fuera a arrancar la cabeza. Imagínate la escena: un armario empotrado viniendo hacia ti a toda leche después de haberlo insultado. El detenido, claro, se encogía, se preparaba para lo peor. Pero justo cuando llegaba a su altura, se paraba en seco y le soltaba con voz seria: «Te has quedado sin abrazo». Pum. Cortocircuito total. El malo se quedaba a cuadros. Lo que esperaba era una reacción contundente... y lo que recibía era una frase absurda que desmontaba todo el guion mental que tenía preparado. Muchos se reían, otros se quedaban quietos sin saber qué hacer. Algunos incluso soltaban «este tío está loco». Pero funcionaba. Funcionaba porque cortaba la secuencia emocional y desactivaba la defensa. Y, además, enviaba un mensaje muy claro, sin necesidad de gritar ni usar la fuerza: «No voy a caer en tu juego. No me vas a arrastrar a tu terreno».

**Claves para aplicar bien el efecto sorpresa**

- Usa el humor sutil, no la ironía ni el sarcasmo.
- Cambia de canal: si la conversación sube de tono, baja el volumen.
- Lanza una pregunta amable e inesperada.
- Utiliza una pausa larga como herramienta, el silencio también descoloca.

### *Técnicas de desescalada: cuando el fuego ya está encendido*

La técnica del efecto sorpresa es interesante cuando aún no se ha llegado a la cumbre del conflicto, pero, a veces, sin habernos dado cuenta, ya estamos metidos de lleno en el meollo, el conflicto ya ha escalado. Cuando hemos llegado a un punto crítico y el ambiente está cargado, las técnicas de desescalada pueden ser el remedio perfecto para calmar las aguas. Aquí algunas estrategias efectivas:

- **Esquiva verbal.** Esta técnica consiste en no entrar directamente en el conflicto cuando está a punto de estallar. En lugar de responder impulsivamente, sugieres un respiro para recuperar la calma. Ejemplo: «Ahora mismo no es el mejor momento para responderte como mereces. Demos un paso atrás y retomemos la conversación después». Esta estrategia permite evitar que la conversación se convierta en un choque destructivo, dándote tiempo para pensar en una respuesta más medida.
- **Disco rayado.** Aquí, la idea es repetir tu punto esencial con calma, sin entrar en más detalles que puedan generar más discusión. La repetición constante sirve para reforzar tu mensaje sin dejar que la situación se descontrole. Ejemplo: «Entiendo lo que dices, pero no puedo aprobar ese presupuesto». Al repetir tu punto de manera serena, transmites firmeza sin agresividad. Es importante que

no te dejes arrastrar por los detalles innecesarios, sino que te centres en el mensaje clave.

- **Banco de niebla.** Esta es una de las técnicas más poderosas cuando te enfrentas a una actitud confrontativa. Consiste en aceptar de manera neutral lo que te dicen, sin entrar a discutir sobre la validez de la acusación. Con esta técnica, recoges el impacto sin devolverlo. Ejemplo: «Es posible que lo veas así. Me interesa conocer más sobre tu punto de vista». De este modo, evitas caer en la trampa de defenderte a toda costa, lo que puede escalar el conflicto. En lugar de reaccionar defensivamente, abres la puerta a una conversación más profunda y menos cargada emocionalmente.

**¡Cuidado con esto!**

Desescalar no significa ceder. El objetivo de estas técnicas es reducir la tensión sin perder tu posición ni tu integridad. Si usas estas estrategias solo como una forma de evitar siempre el conflicto, podrías acabar alimentando una bomba emocional que, a largo plazo, estallará con más fuerza. Es importante saber cuándo y cómo desescalar, pero también cuándo es necesario mantenerte firme.

# SÉ TÚ: LO PERFECTO ES ENEMIGO DE LO AUTÉNTICO

Hay algo que no deberías perder de vista nunca, ni siquiera después de empaparte de medio manual de lenguaje corporal: tu autenticidad. Puedes entrenar gestos, mejorar tu presencia, modular la voz y afinar tu comunicación... pero si en el proceso pierdes tu manera de ser, tienes un problema. Porque la gente no conecta con el gesto perfecto, conecta con lo que parece real. Aunque los gestos y las posturas de este libro pueden ayudarte (y está genial que intentes poner en práctica aquellos que te pueden servir), no pierdas el foco, no puedes parecer **impostado**. Ni en tus palabras, ni en tu cuerpo, ni en tu cara. La naturalidad se premia y lo forzado se huele a kilómetros.

¿Has visto cómo gesticulan Javier Milei o Donald Trump? En sus apariciones, contradicen muchas de las normas de la comunicación no verbal. Tienen sus tics, sus gestos exagerados, su forma de hablar, y les da absolutamente igual. Trump se toca, gesticula raro, interrumpe. Milei grita, señala, frunce el ceño. Pero tienen algo que les ha funcionado: parecen auténticos. No miran cada gesto, no van con un discurso de manual. Y, nos guste o no, han ganado elecciones. Porque, aunque se salten mil normas del buen comunicador, transmiten lo que mucha gente busca: alguien que parece de verdad. Aunque eso incluya gritar, despeinarse o pasarse de rosca.

Y luego está el otro extremo: políticos que se han formado, que intentan aplicar técnicas... pero lo hacen mal. De repente, los ves enseñando las palmas todo el rato, porque alguien les ha dicho que eso transmite honestidad. Y sí, mostrar las manos puede ser un gesto de apertura... pero si lo haces todo el tiempo, pareces un vendedor de crecepelo. No es cuestión de aplicar gestos porque sí, sino de saber cuándo y cómo hacerlo. Y, sobre todo, de que no parezca que los estás aplicando, sino que salen de ti. El objetivo no tiene que ser parecer perfecto, sino generar confianza.

### Cuando lo perfecto da mal rollo

En psicología y robótica existe un fenómeno llamado **valle inquietante** (*uncanny valley*), propuesto por el ingeniero japonés Masahiro Mori en los años setenta. Describe la sensación de extrañeza o rechazo que experimentamos ante figuras que son casi humanas, pero no del todo, como un androide con rasgos realistas, pero movimientos rígidos o inexpresivos. Resulta que cuanto más se acerca algo a parecer humano sin llegar a serlo plenamente, mayor es la incomodidad que genera.

Este efecto también se puede trasladar a la comunicación no verbal. Cuando una persona gesticula de forma excesivamente precisa, como si cada movimiento estuviera medido y ensayado al milímetro, el resultado no es mayor credibilidad, sino **distancia emocional**. Percibimos esa perfección como algo artificial. En lugar de confiar, desconfiamos. Nos hace preguntarnos si detrás de ese control hay manipulación u ocultación.

Casi cada semana alguien me escribe para prepararse ante una entrevista, una presentación o una nueva responsabilidad. Lo primero que pregunto es cuánto tiempo tiene por delante. Si son un par de semanas, mi objetivo está claro: observar cómo se comunica y ayudar a sacarle partido a lo que ya hace bien. Sin obsesionarse con pulir cada gesto ni reprimir manías que, en tan poco tiempo, no van a desaparecer. En estos casos, prefiero que la persona mantenga su forma de expresarse, aunque eso incluya tocarse el pelo o mover demasiado las manos. Corregirlo deprisa suele ser peor que dejarlo estar, genera tensión, autocorrecciones en bucle y un aire forzado que salta a la vista. Lo natural, incluso con sus imperfecciones, suele ser más efectivo que un control impostado.

Si hay más margen, entonces sí merece la pena profundizar, analizar gestos, ensayar respuestas, ajustar la postura o el tono. Pero incluso en esos casos, la clave no está en parecer otro, sino en afinar tu manera de estar. Soy un firme defensor de que al inicio es mejor tener objetivos humildes y pensar en el largo plazo, no te vas a quitar un tic de hoy para mañana y, quizás, antes de hacerlo te puedas preguntar si realmente hace falta que te lo quites. Quizá te va a servir más incorporar asentimientos de la cabeza o parpadeos en tu comunicación. En cualquier caso, ten presente cuando decidas trabajar algunos de los aspectos de tu comunicación que no se trata de fingir, sino de fluir con lo que ya tienes.

**Claves para estar entrenado sin perder autenticidad**

- No improvises en lo importante: entrena reuniones, presentaciones, negociaciones, etcétera.
- Practica en frío lo que necesitarás en caliente.
- La autenticidad sin dirección puede convertirse en torpeza emocional.
- Entrenar no es fingir, es depurar tu mejor versión.
- La preparación libera, no encorseta.

Volviendo a aquella charla universitaria, ahora veo claramente qué pasó. Llegué con la energía del seductor: sonrisa fácil, historias con gancho, buscando conectar rápido. Funcionó... hasta que apareció la confrontación.

Y entonces salió el vigilante, el que analiza y se cierra. A medio gas, intenté mantener el equilibrio, pero por dentro el leoncito ya estaba preparando una réplica.

Por suerte, no le di el micro. En su lugar, tiré de entrenamiento: respiración lenta, una frase en forma de ancla para mí mismo «no respondas en caliente. Actúa en frío». Ese anclaje lo tengo instalado desde hace tiempo. Me recuerda que una cosa es reaccionar y otra muy distinta es responder. La reacción es automática, impulsiva. La respuesta es consciente, elegida. Y, en ese momento, preferí responder.

Después de la charla, se me acercó la misma alumna. Me dijo:

—Pensaba que te ibas a enfadar conmigo...

Le respondí:

—También lo pensé. Pero no me apetecía regalarte mi peor versión.

Se rio. Conectamos.

Ese día no solo practiqué el autocontrol. También dije «no» a mi impulso de quedar por encima, sin parecer un borde. Usé una estrategia que ahora te he contado, desviar el foco y reformular desde la calma. Evité el sincericidio, ese impulso de soltar lo primero que se te pasa por la cabeza con la excusa de «ser sincero».

Y, sobre todo, ese día confirmé algo que quiero que te quede claro: ser tú mismo está bien... pero ser tu mejor versión requiere entrenamiento. La autenticidad no es decir lo que te da la gana en cada momento. Es tener criterio, regular tus emociones y elegir cómo quieres que te recuerden. Porque cuando llegue ese momento crucial —en una charla, en una reunión, en una discusión familiar—, no tendrás tiempo de improvisar. Solo podrás tirar de lo que hayas entrenado antes y de lo que ya conozcas sobre ti.

Así que ya sabes, conócete ahora para no meter la pata después. Porque el día que te toque decidir si entra en escena tu leoncito, tu saboteador o tu versión serena... más vale que sepas quién eres y cómo quieres que te perciban.

## Resumiendo, que es gerundio

- Conocer tus emociones es clave para tomar decisiones más claras y evitar que las reacciones automáticas arruinen lo que quieres comunicar.
- Las decisiones no siempre son racionales. El inconsciente emocional toma el control y, si no lo gestionas, puede jugarte en tu contra.
- Decir «no» de forma respetuosa no rompe relaciones, sino que las refuerza. Aprende a poner límites de manera asertiva y calmada.
- Ser auténtico en las interacciones sociales es ajustar tu energía según el contexto, sin forzar ni quedarte invisible.
- Respira y da un paso atrás antes de reaccionar. Un segundo de reflexión puede cambiar el rumbo de una situación tensa.
- Usa técnicas como desviar el foco o el efecto sorpresa para calmar la tensión sin ceder a la presión.
- La autenticidad se premia. Entrénate para ser la mejor versión de ti mismo, pero no quieras ocultar aquello que te hace más genuino.

# 7
# CASOS PRÁCTICOS

> Lo que tenemos que aprender a hacer, lo aprendemos haciéndolo.
>
> ARISTÓTELES

Este capítulo es el equivalente a salir al terreno de juego. Vamos a trabajar con situaciones concretas, del día a día, que a veces no sabemos cómo manejar. Desde convencer a un cliente nuevo hasta conseguir que tu vecina pague la dichosa derrama del ascensor. También veremos cómo romper el hielo en una cita sin parecer un encuestador del INE o cómo meterte en el grupo del curro sin que parezca que estás infiltrado. Cosas normales, de la vida, pero con un enfoque distinto, más consciente, más afinado y, sobre todo, más eficaz.

A estas alturas, ya has interiorizado que el cuerpo es

un bocazas, habla incluso cuando queremos callar. En los capítulos anteriores lo has visto de todas las formas posibles. Desde el caso de Raúl, en el que una simple hemicara nos avisó de que la cosa olía a chamusquina, hasta las microexpresiones fugaces que delatan emociones reprimidas. Has aprendido a observar desde lo más global —como la actitud corporal general— hasta lo más sutil: una ceja que se eleva sin permiso, un parpadeo que revela más de lo que dice la boca. Y, sobre todo, has entendido que para interpretar con precisión no basta con mirar, hay que observar con intención. Que el verdadero arte está en fijarse en el contexto, en conocer el *baseline* —esa línea base que nos dice qué es «normal» para alguien—, en detectar desviaciones sutiles y en leer la congruencia (o la falta de ella) entre lo que se dice y lo que se muestra. No es por arte de magia, es porque hemos aprendido un método, que ahora vamos a poner en práctica.

Antes de analizar los casos concretos, vale la pena recapitular cómo se traduce todo esto en la práctica. A lo largo del libro hemos trabajado con tres grandes bloques que sostienen el método: **analizar, conocer e influir**. Son nuestros pilares, el esqueleto de todo lo demás. Y dentro de cada uno hay varias fases, a veces interconectadas:

- **Preperfilado (Analizar)**. Recoger información previa de manera sutil, casi invisible. Como un radar que escanea sin emitir señales.
- **Primera impresión (Analizar)**. El momento en que tu presencia empieza a hablar antes que tu

voz. Postura, mirada, sonrisa, cejas, corporalidad general.

- **Escucha activa (Conocer)**. Mirar y oír con intención.
- **Análisis del lenguaje corporal (Conocer)**. Detectar congruencias e incongruencias, aplicar el principio de acción-reacción a las microexpresiones y los gestos, analizar el tono corporal, etcétera.
- **Influencia estratégica (Influir)**. Adaptar tu mensaje en función de lo que el otro siente y necesita. Elegir qué decir, qué hacer, cómo decirlo y cuándo.

Estas fases no son una *checklist* cerrada, sino una guía flexible que te ayuda a estar presente con más conciencia en tus interacciones. Eso sí, antes de entrar en los casos prácticos, déjame hacer un apunte importante: las situaciones que vas a leer a continuación son hipotéticas, y los pasos no siempre se dan de forma tan clara ni separada. Mientras analizas, ya estás influyendo; mientras influyes, vas adaptando. El comportamiento humano no sigue una escaleta. Y menos mal. Como te decía al inicio del libro, no hay una llave maestra que sirva para todo el mundo. La clave está en encontrar cuál encaja mejor con cada persona y con cada momento. Aquí vas a ver ejemplos útiles, no fórmulas infalibles. Lo importante no es imitarlos al milímetro, sino entender el enfoque y aplicarlo con cabeza.

# EJEMPLO 1
# REUNIÓN CON UN NUEVO CLIENTE

Has preparado una reunión con un potencial cliente. Es la primera vez que os veis en persona, y tú sabes que aquí no solo cuenta lo que digas, sino cómo, cuándo y con qué energía lo digas. Esto va más allá del típico discurso comercial. Aquí entra en juego todo lo aprendido, desde cómo captar señales corporales hasta cómo modular tu presencia para no invadir ni parecer desesperado. Porque vender, en este contexto, no es colocar un producto, no, es generar una experiencia relacional positiva. No estás vendiendo solo algo tangible, estás vendiendo confianza, eficiencia, solución y, en última instancia, la idea de que tú eres una apuesta segura.

*Preperfilado (Analizar)*

No subestimes el poder de una buena investigación previa. Al estudiar su perfil, ya empiezas a establecer mapas emocionales e inferencias de personalidad. Si comparte fotos en redes de su bicicleta los fines de semana, sabrás que valora la libertad, la eficiencia y quizá odia perder el tiempo. Eso te permite usar un enfoque más directo y orientado a resultados. Si, por el contrario, publica reflexiones personales o comparte artículos inspiradores, sabes que el plano emocional va a jugar un papel significativo. Lo importante aquí es que, como aprendiste en capítulos anteriores, el comportamiento no verbal empieza incluso antes de verse en persona, la forma en que se expresa *online* también dice mucho. Y si analizas bien, ya puedes anticipar con qué actitud corporal se sentará frente a ti, más abierta y relajada si se siente cómodo, o más defensiva si desconfía de ti.

*Primera impresión (Analizar)*

Aquí entra en juego todo lo trabajado en torno a la actitud corporal. Si tú llegas con el cuerpo cerrado, espalda encorvada y sin energía en la mirada, vas perdiendo antes de abrir la boca. Tu postura debe ser coherente con la idea de una persona segura, pero no arrogante. Recuerda lo del eje hipotónico e hipertónico: tú quieres mostrarte hipertónico-exocentrado, con energía proyectada hacia fuera, con apertura, pero sin invadir. Es la posición de quien tiene algo bueno entre manos y sabe que puede ser útil. Si detectas que él está en una postura egocentrada e hipotónica (por ejemplo, brazos cruzados, hombros bajos), sabrás que todavía no se siente cómodo. Ahí no fuerces, genera confianza antes de lanzar tu oferta.

### *Escucha activa (Conocer)*

Aquí es donde la observación atenta se convierte en tu superpoder. Aplica lo aprendido sobre congruencia emocional, ¿lo que dice encaja con cómo lo dice? Si habla de estar entusiasmado con el proyecto, pero su postura es encogida o su tono de voz plano, probablemente esté fingiendo interés. Recoge sus palabras, pero también sus gestos. Haz pausas, muestra empatía y, sobre todo, responde a lo que subyace, no solo a lo que verbaliza. Este es el momento en el que se vuelve más valioso todo lo que aprendiste sobre corporalidad y microseñales, los cambios sutiles de expresión, el desplazamiento del cuerpo hacia delante (interés) o hacia atrás (rechazo), la dirección de los pies, la rigidez en el cuello. Todo eso te da pistas para saber cuándo has tocado algo importante o cuándo es mejor cambiar de rumbo.

### *Influencia estratégica (Influir)*

Aquí no improvisas. Adaptas el mensaje según el tipo de perfil detectado. Si sabes que es alguien que reacciona bien al humor, introduces anécdotas con gracia. Si es más técnico, vas a datos. Si es visual, usas metáforas. Y lo haces todo mientras mantienes la coherencia entre tu mensaje verbal y no verbal. Recuerda el principio básico: si tu cuerpo contradice tus palabras, ganará el cuerpo. Por eso, acompaña tus frases con gestos suaves, congruentes, y con un tono de voz que apoye la seguridad en lo que estás diciendo. Y si ves alguna señal de rechazo (mirada que se desvía, rigidez, silencio brusco), no lo ignores. Ajusta. Vuelve a preguntar. Mantente flexible.

*Cierre y seguimiento (Influir)*

Este momento es delicado porque el cliente aún no está en tu bolsillo. Aquí es donde puedes aplicar lo aprendido sobre la regulación emocional. No te desesperes si no hay respuesta inmediata. Evita las conductas hipertónicas agresivas (como insistir o repetir argumentos). En su lugar, mantén una postura abierta, relajada, incluso aunque internamente estés deseando que te diga «sí». Transmite tranquilidad, seguridad y disposición. Si puedes, genera un microcompromiso: «¿Te parece si te lo envío todo esta misma tarde y me dices algo esta semana?». Y nunca subestimes el poder del post-encuentro, un mensaje posterior breve, cálido y nada insistente puede ser el pequeño empujón que faltaba para cerrar.

# EJEMPLO 2
# CONSEGUIR QUE LA VECINA PAGUE LA DERRAMA DEL ASCENSOR

La comunidad ha decidido instalar un ascensor. Todos están de acuerdo, menos una vecina —llamémosla Maripuri—, que insiste en que no va a pagar. Y, claro, tú sabes que, si no paga, no se hace la obra o empezáis una guerra vecinal que puede durar generaciones. No quieres montar un pollo ni amenazar con denuncias. Quieres convencerla, hacerle ver que lo sensato es que colabore, pero sin que se sienta atacada. Aquí es cuando lo aprendido te puede salvar de terminar en la próxima junta de vecinos gritando en mayúsculas.

*Preperfilado (Analizar)*

Lo primero es entender a Maripuri más allá de su negativa. ¿Qué perfil emocional tiene? ¿Su actitud corporal suele ser rígida, defensiva? ¿Se encierra en sí misma cuando se le pide algo? Si has observado que mantiene la mirada baja y se repliega corporalmente en las juntas, podrías estar ante una postura egocentrada e hipotónica. Eso ya te indica que probablemente se siente a la defensiva, tal vez incluso en un papel de víctima. Además, detecta si se rodea de aliados vecinales o actúa en solitario, porque la cohesión grupal también cuenta, como vimos en el capítulo 5, a veces la autoridad no necesita gritar, solo estar. Y si ella influye en otros, habrá que gestionar su percepción con mucho cuidado.

### *Primera impresión (Analizar)*

Cuando llegue el momento del acercamiento, en privado, tu corporalidad tiene que ser impecable. Nada de cruzar los brazos o golpear con los nudillos la puerta como si fueras a reclamar una deuda. Sonríe suavemente, postura erguida pero relajada, con las palmas de las manos visibles si puedes. Eso indica transparencia. La mirada directa pero sin fijar, el cuerpo ligeramente inclinado hacia delante al saludar. Estas señales, que trabajamos a fondo en el capítulo de actitud corporal, son esenciales para que no active sus barreras defensivas. Y si notas que ella mantiene la puerta entreabierta, se coloca detrás del marco o cruza los brazos, no lo tomes como un rechazo definitivo, es solo que aún no se siente segura.

*Escucha activa (Conocer)*

Aquí no vas a convencerla, vas a entenderla. Empieza con preguntas abiertas y deja que se exprese. Observa si hay incoherencia entre lo que dice y lo que su cuerpo transmite; por ejemplo, puede decir «no me importa lo del ascensor», pero si ves que se encoge al mencionar el dinero, ya tienes una pista de que su preocupación real es económica, no ideológica. También puedes observar los microgestos: tocarse el cuello (inseguridad), fruncir el ceño (enfado), meter hacia dentro los labios (retención). Todo eso te dice más que cualquier discurso.

*Influencia estratégica (Influir)*

Una vez hayas detectado su emoción principal —ya sea miedo, desconfianza o enfado—, actúas sobre ella. Si es miedo, ofreces garantías, «no se va a subir la cuota comunitaria durante los próximos seis meses». Si es desconfianza, aporta transparencia: «Aquí tienes las actas y presupuestos firmados». Si es orgullo herido, validas su rol: «Sé que siempre has sido una vecina implicada, y por eso quería hablar contigo primero». Tu lenguaje corporal debe ser coherente, cuerpo abierto, manos suaves, tono cálido. Y recuerda lo que vimos sobre la autoridad natural, si tú muestras seguridad serena, ella tenderá a sincronizarse contigo, aunque sea inconscientemente.

*Cierre y seguimiento (Influir)*

Si no acepta en el momento, no fuerces. Recuerda que una retirada elegante a tiempo también construye. «Piénsalo con calma. Si necesitas que lo revisemos juntos o quieres venir a la próxima reunión, me encantaría». Esa última frase no solo es amable, le devuelve la sensación de control. Y si después te la cruzas en el portal, mantén la amabilidad. La influencia no siempre se cierra con un sí rotundo. A veces empieza con una grieta en el muro. Y esa grieta, si la trabajas con inteligencia emocional y corporalidad estratégica, puede acabar siendo una puerta abierta.

# EJEMPLO 3
# PRIMERA CITA CON ALGUIEN

Has quedado con alguien que conociste por Tinder. Después de unos cuantos mensajes donde hubo chispa (y algunos memes malísimos que curiosamente funcionaron), ha llegado el momento de verse cara a cara. Aquí no se trata solo de caer bien; se trata de saber leer al otro, de estar presente con todos los sentidos.

*Preperfilado (Analizar)*

Ya has recogido información emocional de los intercambios previos. Sabes que le encanta el sushi, odia la impuntualidad y viene de una ruptura reciente. Eso ya te da una brújula emocional y narrativa: probablemente valora el respeto, la honestidad, y puede que tenga todavía algunas defensas altas. Además, por cómo escribe, deduces que es alguien con sentido del humor y algo irónico. Eso te permite prever su tono en persona. Imaginas a alguien más bien exocentrado, pero con cierto autocontrol emocional. Por lo tanto, nada de entrar como una apisonadora emocional.

*Primera impresión (Analizar)*

Cuando llega el momento de verse, el saludo es la primera prueba. Tu postura debe ser abierta, pero contenida. Nada de gestos invasivos. Recuerda asumir una actitud corporal de energía proyectada pero no agresiva. Una sonrisa suave, mirada directa (pero no fija) y tono de voz cálido. Si al saludar ves que mantiene cierta distancia corporal, no la recortes enseguida. Respeta su tempo. Observa si se inclina hacia ti, si se ríe espontáneamente o si su postura corporal se va abriendo con los minutos. Esa es la brújula real, no sus palabras.

*Escucha activa (Conocer)*

No se trata de hacer una entrevista, sino de mostrar curiosidad. Preguntas que dejan espacio a la emoción: «¿Qué te hizo engancharte a esa serie?» o «¿Qué fue lo último que te sorprendió para bien?». Y luego, silencio activo. Mira cómo responde, si sostiene la mirada, si se inclina, si gesticula con libertad. Todo eso indica apertura emocional. Si, en cambio, baja la mirada, juega con objetos o se cruza de brazos, hay que ir más despacio. Aplica lo aprendido sobre corporalidad basal, ¿muestra incomodidad o es simplemente su forma natural de estar? Aquí no interpretas al vuelo, sino que observas patrones. El cuerpo te dirá si te estás ganando su confianza o si estás yendo demasiado rápido.

*Influencia estratégica (Influir)*

Aquí no tienes que venderte, sino resonar. Si notas que se relaja cuando hablas de viajes o se activa cuando mencionas un libro, ahí tienes la clave para seguir profundizando. Como vimos en los cuadrantes emocionales del cuerpo, si empieza a mostrar señales hipertónicas-exocentradas (risa amplia, postura erguida, brazos abiertos), probablemente está disfrutando. Si se retrae, quizá tocaste algo sensible. Modula. Ajusta. Usa también el lenguaje de vulnerabilidad bien dosificada «no suelo hacer muchas citas así, pero contigo me apetecía». Eso transmite autenticidad y abre espacio a una conexión más genuina.

*Cierre y seguimiento (Influir)*

La despedida es tan clave como la bienvenida. Aquí es donde ves si hubo conexión real. ¿Alarga el momento? ¿Propone algo? ¿Hay contacto físico suave, como un roce en el brazo o un abrazo prolongado? Si es así, puedes plantear un siguiente paso, «me ha encantado esto. ¿Te apetece repetirlo otro día?». Pero si dudas, si notas rigidez corporal o frases cortas, mejor cierras con elegancia «gracias por venir, ha sido un gusto conocerte». Luego puedes seguir con un mensaje breve esa misma noche, sin invadir, algo que retome un momento compartido y deje claro que estás disponible, pero sin desesperación.

# EJEMPLO 4
# QUERER CAER BIEN EN UN NUEVO GRUPO DEL CURRO

Has cambiado de trabajo o te han reubicado en otro departamento. El equipo ya está formado, tienen bromas internas, se mandan memes por Slack y hacen piña en los cafés. Entrar en esa dinámica puede parecer fácil desde fuera, pero sabes que hay una coreografía invisible que regula ese ecosistema social. Y si entras mal, te conviertes en el «nuevo eterno». Por eso, aquí no se trata solo de ser simpático, se trata de aplicar todo lo aprendido sobre percepción, actitudes corporales y adaptación emocional.

*Preperfilado (Analizar)*

Antes de lanzarte a por ese café compartido, haces lo que un buen observador entrenado haría, miras, escuchas y analizas. Quién lidera sin cargo, quién es el pegamento social, quién se queja, quién se calla. Esto es vital para saber qué estilo de comunicación funciona en ese grupo. Recuerda que aunque no haya jerarquías oficiales, hay estructuras invisibles. Presta atención a las posturas, las risas, los silencios.

*Primera impresión (Analizar)*

Cuando entras por primera vez, no necesitas dar un discurso de presentación. Tu cuerpo hablará por ti. Postura neutra pero firme (ni altivo ni encogido), mirada abierta, sonrisa ligera. Muestras disponibilidad sin urgencia. Evita gestos de tensión (como juguetear con el boli o revisar el reloj). Recuerda que esa primera impresión se fija en segundos. Si te muestras hipertónico y egocentrado, parecerás tenso o necesitado. Apunta mejor a una presencia relajada, con energía abierta (exocentrada) pero sin invadir.

*Escucha activa (Conocer)*

En los primeros días, tu trabajo no es destacar, sino entender. Escuchar más de lo que hablas, captar las dinámicas, las bromas internas, los temas sensibles. Observa también las reacciones corporales, si cuando hablas alguien se gira hacia ti y se inclina ligeramente, vas bien. Si sigue mirando la pantalla sin mover un músculo, aún no estás dentro. Los cuerpos de tus compañeros siempre te dirán si estás sintonizando.

### *Influencia estratégica (Influir)*

Cuando detectas afinidades, empiezas a actuar sobre ellas con discreción. No vas a hacerte el graciosillo ni el experto. Vas a conectar desde lo auténtico. «He visto que sois muy *fans* de esa serie... me la estoy empezando, pero no me *spoileéis*». Comentarios que suman, que generan sensación de pertenencia sin invadir. Usa el recurso del reconocimiento grupal, «se nota que tenéis muy buen rollo, la verdad. Da gusto entrar en un sitio así». Eso refuerza la identidad positiva del grupo y te posiciona como aliado, no como amenaza.

### *Cierre y seguimiento (Influir)*

Una vez que te has integrado, no te duermas. Mantén tu presencia activa pero equilibrada. Ofrece ayuda, comparte recursos y, sobre todo, celebra los logros colectivos. Si ves que te invitan a planes fuera del curro, genial. Pero si no, puedes tomar la iniciativa con elegancia, «he oído hablar de esas cañas del viernes... ¿un día me apunto o hay prueba de ingreso?». El humor, bien dosificado, es una herramienta poderosa para generar conexión emocional. La clave está en no parecer que quieres encajar; sino en hacer que encajar parezca algo natural.

# EJEMPLO 5
# INTEGRARTE EN UN GRUPO INFORMAL DEL GIMNASIO

Vas al gimnasio más o menos a la misma hora y siempre ves al mismo grupo que parece salido de una *sitcom*: se saludan, se pican con bromas, se van a tomar algo después. Y tú, mientras tanto, haces tus estiramientos como si fueras un extra en una serie que no te han dejado protagonizar.

*Preperfilado (Analizar)*

Antes de lanzarte a hablar, analiza. Observa quién es el que lanza los chistes, quién responde, quién parece más receptivo. Identifica roles dentro del grupo, el que tira del carro, el que media, el que se suma. Si detectas que alguien es más abierto, ese puede ser tu primer vínculo.

*Primera impresión (Analizar)*

No necesitas hacer una entrada triunfal. Basta con estar presente de forma coherente. Cuerpo alineado, sonrisa breve pero sincera, contacto visual breve pero intencional. Evita posturas encogidas, que proyectan inseguridad. Tu corporalidad debe decir «estoy aquí, tranquilo, a gusto». Si sueltas un comentario tipo «hoy venís con todo, ¿eh? Voy a tener que ponerme las pilas» y alguien responde con una risa o una broma, ya has abierto la puerta.

*Escucha activa (Conocer)*

Cuando consigas entablar una pequeña conversación con alguno, escucha más de lo que hablas. Interésate por la rutina, por un ejercicio, por cómo empezaron. Preguntas simples con tono genuino «¿siempre venís a esta hora?» o «eso que haces al final del entreno ¿sirve para estirar mejor?». Observa si al responder se giran hacia ti, si te mantienen la mirada, si el tono es cercano. Todo eso te dice que estás dentro del campo emocional compartido.

*Influencia estratégica (Influir)*

Con esa puerta medio abierta, puedes empezar a generar conexión. Si alguien te recomendó un ejercicio, coméntaselo la próxima vez: «Probé lo que me dijiste del core, y sí, al día siguiente no podía ni reír». Humor, gratitud y vulnerabilidad ligera, créeme que funcionan. Incluso puedes soltar algo tipo «un día me uno a esa posrutina de cañas que tenéis tan bien montada, ¿o hay que pasar *casting*?». Lo importante es calibrar bien, si ves apertura, avanzas. Si ves frialdad, mantienes posición.

*Cierre y seguimiento (Influir)*

La integración definitiva ocurre cuando ya no eres «el nuevo», sino «el colega del *gym*». Pero incluso entonces, sigues cultivando el vínculo. Participas sin acaparar, propones sin imponer. Si surge un plan, te sumas.

# EJEMPLO 6
# ENTREVISTA DE TRABAJO

Hay entrevistas para las que llevas semanas preparándote y otras que te caen del cielo con media hora de margen. Da igual, en ambas estás tú, tu cuerpo, tus nervios y tu capacidad para conectar con quien decide si te ficha o no. Y créeme, aquí no basta con saberse el currículum de memoria ni con soltar respuestas de manual.

*Preperfilado (Analizar)*

Antes de plantarte allí con tu mejor camisa, tómate el tiempo para investigar. ¿Quién te va a entrevistar? ¿Qué tipo de empresa es? ¿Qué valores transmiten? ¿Comparten contenido en redes? Si ves que el entrevistador es fan del deporte, quizá valores como la disciplina o el esfuerzo le gusten especialmente. Y si no tienes tiempo para indagar, ten en cuenta que en la mayoría de las entrevistas hay alguien con cierto entrenamiento en psicología o comunicación no verbal. Puede que no sean expertos, pero algo saben. Por lo tanto, es fundamental que cuides tu corporalidad, tus nervios o tu forma de mirar, ya que lo van a interpretar.

*Primera impresión (Analizar)*

Aquí no hay margen de error. Desde el momento en que cruzas la puerta, tu cuerpo habla. ¿Tu postura transmite seguridad o rigidez? ¿Tu sonrisa es genuina o tensa? ¿Tienes las manos a la vista o las escondes en los bolsillos? Ojo, que cruzarse de brazos no es un crimen, pero todavía hay muchos entrevistadores que lo leen como cierre o desinterés. ¿Vale la pena arriesgarse? Mejor no. Y si ves que hay más de un entrevistador, reparte tu atención. No centres todo tu discurso en uno solo. Quizá te cae mejor el de la izquierda, pero es el de la derecha quien decide. Y si tienes que conectar con ambos, busca puntos neutrales: la superación, los valores compartidos... ahí puedes sembrar afinidad sin que se note.

*Escucha activa (Conocer)*

Mientras hablas, escucha. Y mientras escuchas, observa. Si uno de los entrevistadores se reclina en la silla, mira el móvil o desvía el cuerpo, es probable que ya no esté contigo. Toca reconectar. Puedes lanzar una frase tipo «no sé si me he explicado bien...» o incluso devolver una pregunta: «¿Esto encaja con lo que estáis buscando?». Así retomas el control sin parecer inseguro. Pero, ojo, no interrumpas, no pises. Si has hecho una pregunta abierta, espera. De verdad. El silencio también es una herramienta de comunicación. Y si notas que hay desconexión emocional (miradas que no se cruzan, cuerpo orientado hacia otro lado), toca remar.

*Análisis del lenguaje corporal (Conocer)*

Los gestos automáticos pueden traicionarte. Si te rascas el cuello, juegas con el boli o te tocas la cara, estás dejando pistas de estrés. No hace falta eliminarlos todos (tampoco somos robots), pero sí intentar reducir los más evidentes. Y si ves que el entrevistador muestra señales de interés (cabeza inclinada, cuerpo orientado hacia ti, cejas elevadas), vas bien. Aumenta un poco la energía. Si, en cambio, empieza a desconectarse, reduce velocidad, baja el tono y cambia de tema, recuerda lo que trabajamos en actitud corporal, proyecta energía exocentrada, pero sin invadir. Y no fuerces una sonrisa permanente, mejor expresiones genuinas, incluso si hay momentos de duda o vulnerabilidad.

### *Cierre y seguimiento (Influir)*

La entrevista no es solo evaluación, es una conversación con peso emocional. No tengas miedo de mostrar que el puesto te importa. Si estás nervioso, dilo con naturalidad «la verdad, estoy un poco nervioso porque esta oportunidad me hace muchísima ilusión». Eso, bien dosificado, humaniza. Y si ves que hay una oportunidad de impacto emocional, aprovecha. Puedes decir algo como «no sé si encajo en todo lo que buscáis, pero sé que me dejo la piel en lo que hago y que aprendo a toda velocidad». Eso cala más que un listado de cursos. Al final, si te preguntan si tienes dudas, no sueltes preguntas incómodas, mejor algo sencillo pero elegante tipo «solo quería saber si vais a notificar el resultado, tanto si es positivo como si no. Lo agradecería mucho». Eso demuestra interés, respeto y autocontrol.

# EJEMPLO 7
# DISCUSIÓN CON LA PAREJA

Tienes una conversación pendiente con tu pareja. No es cualquier charla, sabes que si no la abordas con cuidado, puede escalar y acabar peor de lo que empezó. Quizá se trata de una herida reciente, de algo que se dijo y dolió, o de un malentendido que ha dejado huella. Y tú, en el fondo, no quieres discutir, quieres comprender y que te comprendan. Aquí es donde aplicar todo lo aprendido sobre comunicación, emociones y corporalidad puede marcar la diferencia.

*Preperfilado (Analizar)*

Aunque conozcas bien a tu pareja, no siempre estás afinado a su estado emocional. El preperfilado en este contexto es emocional y situacional: ¿cómo está ella últimamente? ¿Más irritable, más callada, más fría? ¿Ha habido cambios en su conducta corporal, como evitar el contacto visual o mostrarse más cerrada en su postura? Todo esto te puede dar pistas de cómo enfocar el acercamiento. También es clave valorar el contexto. ¿Es buen momento para hablar o venís ambos de un día complicado? A veces, esperar unas horas puede ser más eficaz que entrar en una conversación con el ambiente en contra.

*Primera impresión (Analizar)*

El primer momento del encuentro es crucial. Si vas con tono acusador, cuerpo rígido o cara de reproche, activarás sus defensas antes siquiera de empezar. Pero si te presentas con una actitud serena, postura abierta y tono calmado, será más fácil que se abra al diálogo. Empieza con algo tan sencillo como «oye, creo que hay algo importante que deberíamos hablar. ¿Te parece bien ahora?». Estás pidiendo permiso, mostrando respeto y, al mismo tiempo, tomando la iniciativa con firmeza tranquila. Observa su reacción, si hay contacto visual, si se queda parada, si respira profundo. Su cuerpo te dirá si es momento de seguir o de esperar.

*Escucha activa (Conocer)*

Aquí no estás para defenderte ni para corregir. Estás para escuchar. Y eso implica hacerlo con todo el cuerpo, mirada atenta, postura receptiva, sin interrumpir ni anticipar respuestas. Cuando termine de hablar, no respondas directamente, intentando defenderte. Devuelve lo que ha dicho con tus palabras, «entiendo que cuando ocurrió eso, tú te sentiste...». Eso demuestra atención real y reduce la tensión.

*Análisis del lenguaje corporal (Conocer)*

Mientras habla, analiza más allá de sus palabras. ¿Está evitando la mirada? ¿Aprieta los labios o la mandíbula? ¿Se encoge al recordar ciertos momentos? ¿Hay gestos de autoconsuelo, como tocarse el brazo? Todas estas señales te indican el tipo de emoción que está sintiendo: rabia contenida, tristeza, decepción, miedo al conflicto... Si al hablar su tono se eleva o su cuerpo se activa, no interrumpas. Deja que se exprese. Seguramente necesite este momento de ventilación emocional y, al soltar lo que lleva dentro, la tensión acabará bajando. Y entonces es cuando puedes intervenir con más eficacia.

*Cierre y seguimiento (Influir)*

Cuando llegue tu turno, no empieces justificándote. Empieza validando. «No sabía que eso te había dolido tanto. Siento de verdad haber contribuido a que te sintieras así». Esta frase, dicha con sinceridad y con una corporalidad coherente —manos abiertas, tono cálido, mirada directa pero suave—, es muy potente. Luego puedes exponer cómo te sentiste tú, pero siempre desde el «yo», nunca desde el reproche. «Yo me sentí confundido, y me habría gustado entenderlo mejor». Y cuando veas que hay espacio para construir, pregunta: «¿Qué podemos hacer para que esto no vuelva a pasar?». Estás invitando a una solución conjunta, devolviéndole la sensación de control y dejando claro que tu prioridad es el vínculo. Si se cierra bien, puedes reforzar con una frase que deje huella emocional: «Me alegra que hayamos podido hablar de esto. No quiero estar mal contigo».

# EJEMPLO 8
# ASISTIR A UN FUNERAL

Ha fallecido el padre de una amiga cercana. Tú no tenías relación con él, pero sí con ella, y sientes que debes estar. No sabes bien qué decir, cómo comportarte ni cuánto acercarte. Y justo por eso, este tipo de situaciones —donde la palabra sobra y el cuerpo pesa— requieren máxima sensibilidad.

*Preperfilado (Analizar)*

No aplica.

*Primera impresión (Analizar)*

Cuando llegues, deja que ella marque el ritmo. Si te mira y se acerca, acoge el gesto. Si está rodeada de familia o apartada, no la obligues a interactuar. Un saludo con la cabeza, una mano en el hombro, una frase sencilla («estoy aquí si necesitas algo») pueden ser más reconfortantes que cualquier discurso. Tu lenguaje corporal debe ser sereno, recogido, humilde. No hace falta decir mucho. Basta con estar.

### *Escucha activa (Conocer)*

Si se abre a hablar, escucha sin interrumpir. No completes frases, no intentes «arreglar» su dolor. Frases como «ahora está en un lugar mejor» o «todo pasa por algo» muchas veces hieren más de lo que consuelan. En su lugar, puedes decir «no imagino cómo estás, solo quiero que sepas que estoy aquí». También puedes «etiquetar» sus emociones: «Es normal que estés triste y enfadada», esto demuestra comprensión.

### *Análisis del lenguaje corporal (Conocer)*

Observa cómo reacciona ante tu presencia, si se muestra cerrada, evita el contacto o se aparta ligeramente, dale espacio. Si te busca con la mirada, si se acerca, si mantiene el contacto, puedes quedarte un poco más cerca. Aquí no hay fórmulas exactas, pero sí hay señales sutiles. El respeto empieza por saber cuándo retirarte.

*Cierre y seguimiento (Influir)*

Si vas a despedirte, hazlo con claridad y sin dramatismos, «me voy ya, pero estoy a un mensaje de distancia. De verdad, para lo que necesites». Una frase sincera y una salida discreta suelen ser la mejor opción. En un funeral el foco está en los familiares cercanos, en ningún momento tienes que coger protagonismo o llamar la atención: se trata de respetar lo que las personas afectadas necesitan, y su corporalidad te dará pistas.

# EJEMPLO 9
# RECLAMAR UN ERROR EN EL CAMBIO

Sales de una tienda después de pagar y, al revisar el monedero unos metros más adelante, te das cuenta de que te faltan 10 euros. No es una fortuna, pero tampoco es una tontería. No crees que haya mala intención, simplemente un error. La tienda está llena, la persona que te ha cobrado parece acelerada y tú quieres resolverlo sin montar un número. ¿Cómo reclamar algo así sin tensar la situación?

*Preperfilado (Analizar)*

Aunque ya hayas salido del local, probablemente has registrado más de lo que crees, ¿la persona que te atendió parecía estresada, iba con prisa, evitaba la mirada? ¿Cómo fue su actitud corporal? ¿Te entregó el cambio con calma o de forma automática? Esa información te permite anticipar cómo recibiría una reclamación. Si percibiste tensión, será mejor ir con un enfoque muy suave. Si notaste cercanía o apertura, puedes permitirte un poco más de claridad directa, pero siempre desde la cordialidad.

*Primera impresión (Analizar)*

Cuando vuelves a entrar, el cómo importa tanto como el qué. No llegues con la cara tensa ni con el cuerpo adelantado como si fueras a exigir justicia divina. Adopta una postura abierta, manos visibles, expresión facial tranquila. Proyecta una actitud hipertónica-exocentrada: energía hacia fuera, sí, pero con control y sin invadir. Un simple gesto como elevar ligeramente las cejas al empezar a hablar ayuda a introducir el tema como una duda, no como una acusación. Esa es la clave para no activar resistencias innecesarias.

*Escucha activa (Conocer)*

Aquí es cuando la observación se vuelve esencial. Cuando explicas lo que ha pasado, presta atención a cómo responde la otra persona: ¿te mira con atención o parece incómoda?, ¿su cuerpo se orienta hacia ti o se aleja?, ¿hay rigidez o apertura? Y también escucha con el cuerpo: si al mencionar los 10 euros notas un microgesto de incomodidad —un fruncir de ceño, un cambio en el tono—, puede que se haya dado cuenta de que efectivamente ha habido un fallo. Haz pausas, observa sus reacciones y adapta tu discurso según lo que detectes, no solo según lo que dice.

### *Influencia estratégica (Influir)*

Aquí no improvisas. Adaptas tu mensaje para reducir la fricción al mínimo. Puedes empezar con una autoacusación (aunque tú no tengas culpa de nada): «Perdona, creo que me he podido confundir al contar el cambio... pero me ha parecido que faltaban 10 euros». Esta formulación baja la tensión y permite a la otra persona corregir sin sentirse atacada. Acompaña tu mensaje con un tono de voz sereno, gestos suaves, mirada directa pero no fija. Recuerda, si tu cuerpo está en modo confrontación, el mensaje no entra. La influencia, aquí, está en generar un contexto seguro para el otro, no en llevar la razón.

### *Cierre y seguimiento (Influir)*

Tanto si recuperas el dinero como si no, el cierre es fundamental. Si reconocen el error y lo corrigen, agradece de forma clara, «gracias por mirarlo, de verdad». Refuerza esa actitud. Y si no lo hacen, evita mostrar enfado. Puedes decir «no pasa nada, solo quería comentarlo por si acaso». Con eso dejas constancia sin generar malestar. Tu postura corporal debe seguir siendo abierta, sin rigidez ni tensión en la mandíbula, y si decides salir sin más, hazlo con la misma elegancia con la que entraste.

# EJEMPLO 10
# PREPARAR UNA PRESENTACIÓN CON PÚBLICO

Te han invitado a dar una charla. Puede ser una formación, una ponencia o una presentación académica. Dominas el tema, sí, pero sabes que eso no basta. Lo que te preocupa no es tanto lo que vas a decir, sino cómo mantener la atención, cómo conectar. Quieres que tu mensaje cale... y que tu presencia se recuerde.

*Preperfilado (Analizar)*

Antes de ponerte con las diapositivas, investiga a tu audiencia. ¿Quiénes son? ¿Qué les interesa? ¿Cuál es su nivel de conocimiento? No es lo mismo hablar ante ejecutivos que ante estudiantes o profesionales de tu sector. Si puedes, infórmate sobre qué esperan de ti: formación, inspiración, ideas prácticas... Y si tienes el nombre de los asistentes, mejor, podrás investigar en sus redes y quizás aprovechar algún dato que descubras para hacer un guiño durante la charla.

*Primera impresión (Analizar)*

La entrada marca el tono. Tu actitud corporal debe ser clara, postura erguida, energía proyectada, manos visibles, mirada abierta. Nada de comenzar justificándote (eso incluye repasar tu currículum) ni con tono titubeante. Proyecta desde el inicio la imagen de alguien que sabe lo que viene a contar. Un comienzo fuerte —una historia breve, una pregunta provocadora o una frase potente— activa el interés desde el minuto uno.

*Escucha activa (Conocer)*

Aunque seas tú quien habla, no puedes olvidarte de observar. ¿Asienten? ¿Se ríen? ¿Se inclinan hacia ti o miran el móvil? Esas señales te indican si vas bien o si debes ajustar. Si notas desconexión, cambia el ritmo, lanza una pregunta al aire o acorta una explicación. Prestar atención a sus reacciones te permite adaptar el tono y mantener el vínculo emocional con la sala.

*Influencia estratégica (Influir)*

Adapta tu discurso según lo que detectes en el grupo. Si ves que responden bien al humor, introduce ejemplos con gracia. Si son más técnicos, ve a datos. Usa metáforas si detectas que conectan con lo visual. Y sobre todo modula tu voz, crea pausas, juega con los silencios. Si mantienes la coherencia entre lo que dices y cómo lo dices, el impacto será mayor.

*Cierre y seguimiento (Influir)*

El final debe dejar huella. Nada de «bueno, eso era todo». Haz una síntesis breve, resalta un mensaje clave y termina con algo que les haga recordar tu presentación, una historia personal, una frase potente, incluso un toque emocional o de humor bien colocado. Y si la ocasión lo permite, ofrece continuidad, «estoy disponible para cualquier duda o material adicional».

# EPÍLOGO

Gracias por leerme. Créeme cuando te digo que, mientras escribo estas líneas, te estoy observando con una sonrisa de oreja a oreja. Y no de las forzadas, no, de las buenas, de Duchenne, de las que arrugan los ojos y levantan los pómulos. Una sonrisa auténtica por haber llegado hasta aquí, por haberme acompañado en este viaje.

Cuando en junio de 2020 empecé a compartir mi pasión por las ciencias del comportamiento en redes, jamás habría imaginado que acabaría escribiendo un libro. Ha sido un viaje intenso, en el que me he visto en la complicada pero enriquecedora tarea de ordenar conocimientos, descartar lo que podía despistar y rescatar lo esencial. Lo que sirve. Lo que funciona.

Imagino que, cuando compraste este libro, lo que más te llamaba la atención era la interpretación de gestos, la lectura de microexpresiones y descubrir el lado oculto del comportamiento humano. Es normal y humano, a todos nos atrae ese toque casi mágico de descifrar lo que no se dice. Pero espero que, después de estas páginas, te hayas dado cuenta de que eso no es el final, sino el principio. Que un gesto solo cobra sentido cuando sabes de dónde viene. Que sin preperfilado, sin escucha activa y sin contexto, no hay lectura válida.

Las ciencias del comportamiento evolucionan, y eso es una maravilla. Lo que hoy parece incuestionable, mañana puede ser replanteado. Flora Davis y Paul Ekman abrieron camino, pero cada año hay nuevas investigaciones que matizan, afinan, a veces incluso contradicen lo que pensábamos que sabíamos. Y eso está bien, es la forma de que la ciencia avance. Sin embargo, quiero enfatizar que lo que has leído aquí es información contrastada y de primera mano, que he podido probar y validar con los años. Desde mi posición privilegiada como integrante de las Fuerzas y Cuerpos de Seguridad del Estado, he podido observar el comportamiento humano en momentos de altísima carga emocional. Esos en los que las máscaras se caen y la conducta habla de verdad.

Sin embargo, soy consciente de que no todo el mundo tiene esa posibilidad. En tu día a día quizás no te encuentres con grandes confesiones ni situaciones límite, pero espero que te hayas dado cuenta con este libro de que eso da igual. Las ciencias del comportamiento no están solo pensadas para abordar interrogatorios o negociaciones críticas, sino que son una herramienta interesantísima para usar en tu cotidianidad, sea la que sea.

¿Mi consejo? No tengas prisa. No te desesperes. La observación necesita entrenamiento. Al principio mirarás durante horas sin ver nada. Dudarás. Te liarás. Pensarás que esto no es para ti. Pero créeme, un día, sin previo aviso, verás un gesto —un doble parpadeo, una ceja que se eleva, un «microasquito» fuera de lugar— y sabrás, sin margen de error, lo que está pasando. Ese día, todas las piezas encajarán. Sin embargo, para llegar ahí, necesitas constancia.

Empieza poco a poco. Elige a una persona. Obsérvala un día entero. Solo los parpadeos. O solo su forma de reaccionar al escuchar algo incómodo. Crea su línea base. Y no quieras hacerlo todo a la vez, si te agobias con los gestos, vuelve a lo básico. Repasa los primeros capítulos, preperfilado, escucha activa. Es ahí donde empieza todo. Porque las ciencias del comportamiento, si te acuerdas, tienen tres patas: analizar, conocer, influir. Sin un buen análisis, no puedes conocer. Y si no conoces, olvídate de influir.

Y una cosa más. Aunque este libro contenga muchos conocimientos, el análisis de la comunicación no consciente no acaba aquí. En este y muchos otros temas, soy deudor de los libros que he ido leyendo a lo largo de mi trayectoria y que tanto me han enseñado. No solo me han dado conocimiento, sino sabiduría, nuevos horizontes, motivación para seguir formándome y valentía para cambiar. Por eso te invito a consultar la bibliografía que incluyo al final, donde encontrarás autores increíbles que te ampliarán la mirada. Y si algo te ha picado especialmente la curiosidad, si quieres contarme lo que has observado o debatir alguna idea, pues nos vemos en las redes. Compartir es ganar.

Ojalá que con este libro seas capaz de ver lo que antes te pasaba desapercibido. Que entiendas mejor a los demás. Y, por qué no, también a ti mismo.

# BIBLIOGRAFÍA

## Introducción

Birdwhistell, Ray L., *Kinesics and Context: Essays on Body Motion Communication*, University of Pennsylvania Press, Filadelfia, 1970.

Mehl, Mathias R., «The Electronically Activated Recorder (EAR) as a Method for Measuring Daily Behavior: A Large-Scale Application in the Field of Social Psychology», *Psychological Assessment*, vol. 19, n.º 1, American Psychological Association, Washington D. C., 2007.

## 1. Me gustas cuando callas... porque me cuentas cosas

Damasio, Antonio, *El error de Descartes: la emoción, la razón y el cerebro humano*, Crítica, Barcelona, 1994.

Dunning, David y Justin Kruger, «Unskilled and Unaware of It: How Difficulties in Recognizing One's Own Incompetence Lead to Inflated Self-Assessments», *Journal of Personality and Social Psychology*, vol. 77, n.º 6, American Psychological Association, Washington D. C., 1999, pp. 1121-1134.

Fischhoff, Baruch y Ruth Beyth, «'I Knew It Would Happen': Remembered Probabilities of Once-Future Things», *Organizational Behavior and Human Performance*, vol. 13, n.º 1, Elsevier, Ámsterdam, 1975, pp. 1-16.

Gigerenzer, Gerd, «Dread Risk, September 11, and Fatal Traffic Accidents», *Psychological Science*, vol. 15, n.º 4, SAGE Publications, Londres, 2004, pp. 286-287.

Kahneman, Daniel, *Pensar rápido, pensar despacio*, Debate, Madrid, 2011.

Kahneman, Daniel y Amos Tversky, «Judgment Under Uncertainty: Heuristics and Biases», *Science*, vol. 185, n.º 4157, American Association for the Advancement of Science, Washington D. C., 1974, pp. 1124-1131.

Milgram, Stanley, «Behavioral Study of Obedience», *Journal of Abnormal and Social Psychology*, vol. 67, n.º 4, American Psychological Association, Washington D. C., 1963, pp. 371-378.

Rosenzweig, Phil, *The Halo Effect: How Managers Let Themselves Be Deceived*, Free Press, Nueva York, 2007.

Ross, Lee, «The Intuitive Psychologist and His Shortcomings: Distortions in the Attribution Process», en Leonard Berkowitz (ed.), *Advances in Experimental Social Psychology*, vol. 10, Academic Press, Nueva York, 1977, pp. 173-220.

Samuelson, William y Richard Zeckhauser, «Status Quo Bias in Decision Making», *Journal of Risk and Uncertainty*, vol. 1, Kluwer Academic Publishers, Dordrecht, 1988, pp. 7-59.

Sigall, Harold y Nancy Ostrove, «Beautiful but Dangerous: Effects of Offender Attractiveness and Nature of the Crime on Juridic Judgment», *Journal of Personality and Social Psychology*, vol. 31, n.º 3, American Psychological Association, Washington D. C., 1975, pp. 410-414.

Stanovich, Keith y Richard West, «Individual Differences in Reasoning: Implications for the Rationality Debate?», *Behavioral and Brain Sciences*, vol. 23, n.º 5, Cambridge University Press, Cambridge, 2000, pp. 645-665.

Tajfel, Henri, «Experiments in Intergroup Discrimination», *Scientific American*, vol. 223, n.º 5, Springer Nature, Nueva York, 1970, pp. 96-102.

Thorndike, Edward, «A Constant Error in Psychological Ratings», *Journal of Applied Psychology*, vol. 4, n.º 1, American Psychological Association, Washington D. C., 1920, pp. 25-29.

Wason, Peter, «On the Failure to Eliminate Hypotheses in a Conceptual Task», *Quarterly Journal of Experimental Psychology*, vol. 12, n.º 3, Taylor & Francis, Londres, 1960, pp. 129-140.

## 2. Me gustas cuando hablas… porque escucho activamente

Gross, James J., «Emotion Regulation: Affective, Cognitive, and Social Consequences», *Psychophysiology*, vol. 39, n.º 3, 2002, pp. 281–291.

Hughes, Chase, *Six-Minute X-Ray: Rapid Behavior Profiling*, Applied Behavior Research, Virginia Beach, 2020.

Iacoboni, Marco, *Las neuronas espejo*, Katz, Madrid, 2009.

Ivey, Allen E., Mary Bradford Ivey y Carlos P. Zalaquett, *Intentional Interviewing and Counseling*, Brooks/Cole, Belmont, 2010.

Maslow, Abraham, «A Theory of Human Motivation», *Psychological Review*, vol. 50, n.º 4, 1943, pp. 370-396.

Rizzolatti, Giacomo y Corrado Sinigaglia, *Las neuronas espejo*, Paidós, Barcelona, 2011.

Rogers, Carl R. y Richard E. Farson, «Active Listening», Industrial Relations Center, University of Chicago, Chicago, 1957.

## 3. Las 10 claves para que leas con éxito el lenguaje no verbal

Gazzaniga, Michael, *¿Qué nos hace humanos?*, Paidós, Barcelona, 2010.

Navarro, Joe y Dr. Marvin Karlins, *El cuerpo habla*, Sirio, Málaga, 2008.

## 4. Muéstrame tu rostro, muéstrame tus emociones

Barrett, Lisa Feldman, *How Emotions Are Made: The Secret Life of the Brain*, Houghton Mifflin Harcourt, Boston, 2017.

Borod, Joan, «Interhemispheric and intrahemispheric control of emotion: A focus on unilateral brain damage», *Journal of Consulting and Clinical Psychology*, vol. 60, n.º 3, American Psychological Association, Washington D. C., 1992, pp. 339-348.

Bradley, Margaret M. y Peter J. Lang, «Affective reactions to acoustic stimuli», *Psychophysiology*, vol. 37, n.º 2, Cambridge University Press, Cambridge, 2000, pp. 204-215.

Darwin, Charles, *La expresión de las emociones en el hombre y en los animales*, Alianza Editorial, Madrid, 1998.

Davidson, Richard J. y Gary E. Schwartz, «Asymmetrical Brain Activity and Anxiety: Affective Style and Gender», *Biological Psychology*, vol. 4, n.º 2, Elsevier, Ámsterdam, 1976, pp. 119-137.

Davis, Joshua Ian y Ann Senghas, «Blocking facial mimicry can diminish affective responses: Social consequences of facial paralysis», *Emotion*, vol. 17, n.º 6, American Psychological Association, Washington D. C., 2017, pp. 1007-1011.

Duchenne de Boulogne, Guillaume-Benjamin-Amand, *The Mechanism of Human Facial Expression*, Cambridge University Press, Cambridge, 1990 (edición inglesa del original de 1862).

Ekman, Paul, *El rostro de las emociones*, RBA, Barcelona, 2005.

Ekman, Paul y Wallace V. Friesen, «Universals and Cultural Differences in the Judgments of Facial Expressions of Emotion», *Journal of Personality and Social Psychology*, vol. 17, n.º 2, 1971, pp. 124-129.

Gendron, Maria *et al.*, «Perceptions of Emotion From Facial Expressions Are Not Culturally Universal: Evidence From a Remote Culture», *Emotion*, vol. 14, n.º 2, 2014, pp. 251-262.

Hess, Eckhard H., Alvin L. Seltzer y Jay M. Shlien, «Pupil response of hetero and homosexual males to pictures of men and women», *Journal of Abnormal Psychology*, vol. 70, n.º 3, American Psychological Association, Washington D. C., 1965, pp. 165-168.

Jack, Rachael E. *et al.*, «Facial Expressions of Emotion Are Not Culturally Universal», *Proceedings of the National Academy of Sciences*, vol. 109, n.º 19, 2012, pp. 7241-7244.

Matsumoto, David y Hyisung C. Hwang, «Cooperation and Competition in Intercultural Interactions», *International Journal of Intercultural Relations*, vol. 35, n.º 6, 2011, pp. 677-685.

Müller, Christian, «Lateralization of Facial Expressions of Emotion: A Meta-Analysis», *Laterality*, vol. 4, n.º 2, Psychology Press, Londres, 1999, pp. 147-164.

Russell, James A., «Is There Universal Recognition of Emotion From Facial Expression?», *Psychological Bulletin*, vol. 115, n.º 1, 1994, pp. 102-141.

Tucker, David A. y Sarah L. Dawson, «Asymmetric EEG changes as a function of emotion and task structure», *Biological Psychology*, vol. 19, n.º 3, Elsevier, Ámsterdam, 1984, pp. 219-235.

## 5. Muévete, que te observo

Aviezer, Hillel *et al.*, «Body Cues, Not Facial Expressions», *Science*, vol. 338, n.º 6111, 2012, pp. 1225-1229.

Briñol, Pablo *et al.*, «Body Posture Effects on Self-Evaluation», *European Journal of Social Psychology*, vol. 39, n.º 6, 2009, pp. 1053-1064.

Cuddy, Amy, *El poder de la presencia*, Urano, Barcelona, 2016.

Givens, David B., *Love Signals*, St. Martin's Press, Nueva York, 2006.

Gómez Milán, Emilio *et al.*, «La temperatura nasal como marcador», *Psicothema*, vol. 24, n.º 3, 2012, pp. 377-382.

Morrow, Melissa y Alan Urtzunski, «Lateral Head Orientation and Gender», *Perceptual and Motor Skills*, vol. 75, n.º 1, SAGE, Londres, 1992, pp. 113-122.

Navarro, Joe y Marvin Karlins, *El cuerpo habla*, Sirio, Málaga, 2008.

Peper, Erik *et al.*, «Increase or Decrease Depression», *Biofeedback*, vol. 45, n.º 3, 2017, pp. 36-41.

Pickel, Kerri L., «The Face of a Killer?», *Journal of Nonverbal Behavior*, vol. 23, n.º 2, 1999, pp. 117-136.

Rodriguez, Savannah N. *et al.*, «Automated patterns of head dynamics», *Personality and Individual Differences*, vol. 219, 2024.

Skinner, Kenneth y Brian Mullen, «Facial Asymmetry in Emotional Expression», *Journal of Nonverbal Behavior*, vol. 27, n.º 3, 2003, pp. 171-185.

Yosipovitch, Gil, «Chronic Itch and Psychological Stress», *Acta Dermato-Venereologica*, vol. 88, n.º 3, 2008, pp. 211-216.

## 6. Entreno para la vida

Kross, Ethan y Ozlem Ayduk, «Self-distancing: Theory, research, and current directions», *Advances in Experimental Social Psychology*, vol. 55, 2017, pp. 81-136.

Lerner, Jennifer *et al.*, «Effects of fear and anger on perceived risks of terrorism», *Psychological Science*, vol. 14, n.º 2, 2003, pp. 144-150.

Mori, Masahiro, «The Uncanny Valley», *IEEE Robotics & Automation Magazine*, vol. 19, n.º 2, IEEE, 2012, pp. 98-100.

Rosenberg, Marshall B., *Comunicación no violenta*, Acanto, Barcelona, 2016.

Smith, Manuel J., *Cuando digo no, me siento culpable*, Debolsillo, Barcelona, 2010.

Willis, Janine y Alexander Todorov, «First Impressions», *Psychological Science*, vol. 17, n.º 7, 2006, pp. 592-598.